Mémoires d’un manager

Nicolas Gusdorf

Mémoires d'un manager

ISBN : 979-10-377-7621-1

À l'attention de Raphaël, Laurent et Véronique

Introduction

Le management est un thème de réflexion universel et permanent. Combien d'ouvrages ont été écrits, de séminaires ont été organisés pour tenter d'en percer tous les secrets. Les réflexions qui sont dans ce livre n'ont pas vocation à révolutionner cet art – car il s'agit bien d'un art –.

Elles ne sont que le fruit d'une expérience que j'ai eu, que j'ai, la chance de vivre avec beaucoup de bonheurs partagés.

Tout ce que vous lirez dans ces pages n'a rien de scientifique. Mon objectif est seulement d'essayer de donner des pistes à de jeunes gens qui démarrent une carrière, ou à des cadres qui se posent des questions sur leur avenir.

Au cours de ces 40 dernières années, j'ai assisté à des bouleversements très importants.

La financiarisation de l'économie a incontestablement influencé les techniques managériales : avec l'obsession de diminuer les coûts, on est passé du *tout humain* au *tout process*, du management *affectif* à un management qui se veut *scientifique*, avec des effets positifs et négatifs.

Les chiffres, les reportings, les enquêtes de toutes natures ont certes permis une approche plus objective des performances des collaborateurs, mais ils ont dans le même temps contraint les managers à renforcer les relations humaines pour maintenir un climat social acceptable.

La violence des crises économiques, la surprise des crises sanitaires, que nous avons traversées a engendré des inquiétudes et, parfois, du désespoir.

Pour moi qui ai commencé à travailler dans les *trente glorieuses*, le travail ne posait pas de problème à celui qui voulait travailler, ce qui était le cas de la plupart des jeunes gens. Il y en avait pour tout le monde !

On ignorait tout de l'indemnisation du chômage car on ne le craignait pas. On se posait moins la question de sa carrière car on entrait dans une entreprise comme en religion, avec une trajectoire définie à l'avance dans une filière précise.

Lorsque, après bien des péripéties et des échecs quelque peu traumatisants, je suis entré dans une grande compagnie d'assurances pour vendre des contrats d'assurance-vie et de capitalisation, l'itinéraire était sélectif mais tout tracé : après une formation d'un mois, on commençait comme vendeur, poste dans lequel d'ailleurs on pouvait faire toute sa carrière. Si on en avait la volonté, on pouvait suivre ensuite une formation interne qui menait à un poste d'*inspecteur départemental*, chargé d'encadrer une équipe de vendeurs et de gestionnaires de portefeuille. Et enfin, le graal était le poste d'*inspecteur général*, celui qui pilotait toute une région.

C'était un système de vente pyramidal, un de ces modèles que l'on a beaucoup critiqués ensuite, mais qui était d'une redoutable efficacité commerciale, et qui constituait un ascenseur social exceptionnel pour des collaborateurs sans qualification qui se découvraient des talents commerciaux.

Et le juge de paix était objectif : les chiffres d'affaires réalisés étaient le premier critère. L'appréciation des autres qualités de tel ou tel relevait de l'inspecteur, qui avait pour mission de détecter des talents susceptibles de préparer les réseaux de demain.

Quand je suis entré dans ce réseau, j'étais ambitieux et je me voyais effectuer un parcours qui devait me mener à un poste d'inspecteur départemental a minima ; je n'osais espérer devenir inspecteur général, mais j'étais décidé à tout tenter. Rien ne se passa comme prévu, et j'ai eu l'occasion de changer de cap, toujours dans l'univers de l'assurance, et d'embrasser de nombreux postes très différents pour mon plus grand bonheur, avant de créer mon entreprise.

Tout cela avec un diplôme universitaire de latin ! Et quelques échecs cuisants pour commencer ! Mais, à cause de tous ces avatars, une humilité, une volonté de me battre, une curiosité et une persévérance de tous les instants.

J'espère que les réflexions contenues dans ce livre donneront au lecteur l'optimisme et une *positive attitude*, comportements qui seuls permettent de construire un parcours professionnel non seulement réussi mais heureux.

L’acteur, l’actrice

Le métier d’acteur fascine tout le monde. Qui n’a pas rêvé d’être Alain Delon ou Jean-Paul Belmondo, Brad Pitt ou Leonardo Di Caprio, Catherine Deneuve ou Brigitte Bardot, Angelina Jolie ou Sharon Stone ? Par-delà leur physique généralement avantageux, mais difficile à égaler, c’est leur personnalité qui attire ; leur capacité à se fondre dans le caractère d’un personnage qui leur est totalement étranger, pour jouer un rôle à la scène ou à l’écran.

Mais ce mot a une autre définition selon *le Petit Robert* : « personne qui prend une part active, joue un rôle important ». Ce qui nous ramène à notre sujet.

En effet, il existe plusieurs manières d’appréhender sa vie : le plus simple, c’est de se contenter de *cultiver notre jardin,* selon la formule de Voltaire au chapitre 30 de *Candide (1759) :* face à Pangloss qui prétend que le bonheur est de vivre dans un luxueux château sans rien faire, Candide défend la thèse d’une vie modeste en cultivant son jardin.

Aujourd’hui, c’est s’installer dans un confort de vie tranquille, faire son travail, tout son travail mais rien que son travail, et conduire ainsi une carrière sereine sans jamais sortir de sa *zone de confort.*

Tout au long de ces pages, le lecteur pourra s’apercevoir que je suis en totale opposition avec ce comportement. En effet, la vie est passionnante à condition de la conduire en *prenant une part active, en jouant un rôle important*. C’est ainsi que je crois avoir mené ma vie, tant personnelle que professionnelle, au risque de choquer parfois ceux qui estimaient inutile de mener autant de combats, de s’engager pour autant de causes.

C'est sans doute mon père qui m'a inculqué ces traits de caractère.

En effet, il était un révolté, un résistant, comme il l'a démontré pendant la 2e guerre mondiale où, après avoir combattu comme officier dans les Ardennes pour sauver un bataillon décimé par l'ennemi, il a été fait prisonnier, et est resté 5 ans en Allemagne, ballotté de camp en camp. En effet, les Allemands, contraints par la Convention de Genève de traiter les officiers convenablement, n'en craignaient pas moins que ceux-ci fomentent une révolte, et les déplaçaient régulièrement pour des raisons de sécurité.

Mais de tout cela, comme beaucoup de combattants, mon père n'a jamais parlé. Si donc j'ai pu comprendre son caractère, c'est au travers de ses prises de position quotidiennes, en politique ou dans la vie associative.

Propriétaire d'une maison sur le Bassin d'Arcachon, où il avait passé toute son enfance à crapahuter avec les scouts au bord de l'océan ou dans la forêt landaise, il était très attaché à cet endroit, et tenait à le préserver de l'appétit des promoteurs de tous poils qui rêvaient de construire à tout va des immeubles pour rentabiliser leurs investissements fonciers.

J'étais encore adolescent quand il fut décidé de construire un gigantesque égout susceptible de rejeter dans l'océan toutes les eaux usées de la région, au premier rang desquelles les rejets d'une usine de pâte à papier, *la Cellulose du Pin.*

Ni une ni deux, mon père décida de mener la fronde contre ce projet, et m'emmena la nuit peindre des slogans hostiles sur la route qui passait à proximité, et le jour distribuer des tracts et faire signer des pétitions sur le site.

Dans la lignée de cette action, il décida, en 1969, de créer, avec quelques amis, une association de défense de ce site exceptionnel. Cette association, *l'Association de Défense et de Promotion de Pyla sur Mer*, existe toujours, plus de 50 ans après sa création. Et l'on peut sans modestie dire que c'est à elle, à ses combats incessants contre des élus voraces et peu soucieux de laisser derrière eux un paysage de verdure sereine, que l'on doit le Pyla d'aujourd'hui, un village sous les pins qui a résisté à toutes les pressions foncières qui se sont succédé et qui existent toujours.

C'est ainsi que mon père me donna l'exemple de ce qu'il fallait faire si l'on voulait être *acteur* de sa vie. Alors que la plupart des gens restent indifférents à ce qui les entoure, *l'acteur de sa vie* doit prendre en main certains sujets, souvent seul contre tous, et se charger, pour le compte d'autrui, de mettre en évidence les incohérences des projets qui ne conviennent pas à l'intérêt général.

J'ai repris ce flambeau sur ce territoire de vacances, mais j'ai aussi défendu ailleurs plusieurs causes qui me tenaient à cœur : l'implantation d'un petit parc aquatique en région parisienne, présenté par le maire de la commune comme une opportunité exceptionnelle de construire une piscine aux frais d'un opérateur privé : ce parc aquatique fut en effet géré par l'opérateur pendant 2 ans, confié ensuite à la gestion communale pour cause de fréquentation insuffisante et donc de déficit chronique, et fermé 3 ans plus tard, pour être remplacé par un lotissement. Un gâchis considérable pour un projet qui n'avait aucune chance de réussir à cet endroit, ne serait-ce que pour des raisons climatiques !

À Paris, j'ai créé une association pour défendre les intérêts des riverains d'un gros projet immobilier : la création d'un *écoquartier* sur le site d'un ancien hôpital, *écoquartier* sans espaces verts et promis à une *ghettoïsation* probable étant donné son enclavement et l'absence de mixité attendue en raison des profils trop homogènes des futurs habitants.

En revanche, contrairement aux sollicitations de nombre de mes amis, je ne me suis pas engagé en politique. Car, à la différence des hommes politiques souvent guidés par une idéologie rigide et sectaire, ces combats, je les mène en toute liberté, au nom de ma dignité, au nom de l'avenir de mes enfants et petits-enfants, sans aucune idéologie, avec le seul souci de l'intérêt général et du *bien vivre ensemble,* cette expression tarte à la crème, leitmotiv des politiques d'aujourd'hui.

Et au risque de prendre des coups ! Avoir mon nom et ma photo assortis de qualificatifs diffamatoires, même à la une d'une feuille de chou locale ou sur les réseaux sociaux, cela ne fait jamais plaisir ! Mais cela fait partie du jeu, il faut s'y attendre et l'accepter.

Je constate d'ailleurs que cette attitude se manifeste dans la vie privée comme dans la vie professionnelle. Bien souvent, celui qui est acteur dans sa vie privée l'est aussi dans sa vie professionnelle.

En effet, dans la vie professionnelle, il en va de même. Un parcours n'est jamais uniforme, n'est jamais tout tracé. On ne rentre plus en entreprise comme on entre en religion, car le monde est trop changeant et l'avenir trop incertain. Ce qui ne doit pas être une source d'inquiétude ! Car ces changements recèlent des opportunités que l'on pourra saisir si on en a la volonté !

On est certes recruté pour occuper un poste défini. À chacun de nous de faire tous les efforts pour réussir cette première étape. Mais après… Tout change si vite qu'il faut en permanence observer les mutations, ce qu'elles préparent pour demain, et quelle place on pourra y occuper.

C'est ça être acteur de sa vie, c'est ne pas se contenter d'être spectateur. C'est être curieux, être aux aguets, ouvrir les yeux sur son entreprise mais aussi sur le marché, sur les concurrents qui sont des employeurs potentiels de demain, nous permettant peut-être de franchir chez eux des étapes que l'on ne peut pas franchir dans son entreprise ; nous permettant aussi de nous remettre en question en tentant de nouvelles expériences, et, pourquoi pas, de créer notre propre affaire.

L'altruisme

Arriver à un poste de direction d'équipe, c'est abandonner l'égocentrisme qui caractérise le collaborateur *ordinaire,* c'est incontestablement adopter un comportement teinté d'altruisme. Mot trop fort, notion galvaudée à notre époque ? Étymologiquement, être altruiste – du latin *alter, autre* – c'est être tourné vers les autres, c'est penser aux autres, c'est leur accorder de la reconnaissance et de la considération.

Bien sûr, cette attitude n'est pas totalement désintéressée, puisqu'elle a pour objectif de faire mieux travailler ses équipes. Il n'en reste pas moins vrai qu'un patron qui ne s'occupe que de lui ne peut pas s'imposer comme leader.

En effet, un bon dirigeant ne passe pas ses journées enfermé dans son bureau. Sa porte doit être ouverte, sans pour autant que son bureau devienne un couloir ouvert à tous à tout moment ; mais lui-même doit savoir manifester ainsi sa présence et ne pas craindre de rencontrer les autres.

Car ils ont besoin de leur chef, tous les collaborateurs d'une entreprise, besoin de ses conseils, de ses avis, de sa présence. Ils passent sur leur lieu de travail autant de temps que chez eux, ils s'impliquent dans leur vie professionnelle autant que dans leur vie personnelle, et ils y rencontrent les mêmes doutes.

Il n'est pas possible de diriger une équipe sans se préoccuper de ses problèmes : les problèmes quotidiens du métier amènent leur lot de questions, ce sont les plus faciles à régler. Mais d'autres interrogations surviennent : l'avenir, la carrière, l'évolution de l'entreprise, il faut sans arrêt *rassurer.*

La santé, les problèmes quotidiens interfèrent sur l'activité professionnelle, il est impossible d'en faire abstraction. Le dirigeant est ainsi amené à apporter des réponses, voire à trouver des solutions à des questions qui dépassent le cadre de l'entreprise, et qui renforcent les liens entre les hommes. C'est ainsi que l'on crée une équipe.

Les hommes ont besoin d'être dirigés, et on ne peut pas les diriger sans les aider. Aide morale bien sûr, aide matérielle parfois, aide professionnelle aussi : les hommes doivent évoluer dans leurs fonctions et c'est le rôle du dirigeant de les stimuler, conscient qu'il doit être que faire évoluer ses collaborateurs, c'est bien sûr les rendre heureux mais cela permet aussi de favoriser sa propre évolution.

L'ambition du manager passe par sa capacité et sa volonté de favoriser la carrière de ses hommes. Il n'est pas d'exemple de chef qui réussisse à atteindre les sommets s'il ne se préoccupe pas de ses troupes. Et c'est ici qu'apparaît tout l'intérêt du comportement altruiste : *aide les autres et les autres t'aideront*.

De l'altruisme, il en faut aussi si l'on veut étendre son champ de responsabilités.

J'ai eu le privilège de présider pendant 15 ans la branche professionnelle de l'assistance : c'est 25 % de mon temps que j'ai passé à agir pour le bien de l'ensemble des sociétés d'assistance : fédérer les dirigeants, stimuler les énergies, impulser des domaines de réflexion nouveaux sans pour autant franchir la ligne jaune des sujets relevant du domaine de la concurrence, entretenir un climat de convivialité entre des acteurs redoutablement concurrents entre eux, oublier ses intérêts propres pour mettre au premier plan les intérêts de la collectivité… Ce ne fut pas toujours facile ! Mais quel enrichissement ! Que de contacts cette fonction m'a apportés !

Je ne saurais trop recommander à chacun, s'il en a l'occasion, de prendre des fonctions professionnelles complémentaires à ses tâches quotidiennes. À condition d'avoir un tempérament altruiste !

L'ambition

Tiré du mot latin *ambitio*, du verbe *ambire*, *entourer, briguer*, le mot *ambition* désigne le désir : désir de gloire, désir de posséder, désir de réussite sociale.

Ces désirs sont positifs, et inhérents à la nature humaine. Sous réserve de les dompter !

Car, comme dit Montesquieu dans ses *Pensées :* « un homme n'est pas malheureux parce qu'il a de l'ambition, mais parce qu'il en est dévoré. »

C'est là toute la subtilité de ce sentiment. Car si être ambitieux est quelque chose de positif, l'ambition peut rapidement devenir une souffrance si elle n'est pas maîtrisée.

Entrer dans la vie professionnelle sans ambition, c'est se condamner à se satisfaire de postes sans envergure. C'est donc une qualité que d'être ambitieux.

Lorsque, après quelques échecs dans la voie que mes parents avaient tracée pour moi, j'ai pris en main mon destin, j'ai décidé d'effacer cette triste période. Le hasard m'a amené à vendre au porte-à-porte des contrats d'assurance-vie et de placements. À ce moment-là, j'ai eu conscience de commencer ma vie professionnelle à un poste qui ne correspondait pas totalement à mes capacités.

Mais je devais me rendre à l'évidence : avec en poche un diplôme de lettres classiques, que l'on qualifierait certes aujourd'hui de *master 2* mais dans une discipline menant exclusivement à l'enseignement, avec en plus dans mes études universitaires la période troublée de mai 68, qui n'était pas véritablement une ode au travail, je ne pesais absolument rien sur le marché. Il me fallait donc faire mes preuves, apprendre un métier nouveau et prouver que j'avais les capacités nécessaires pour l'exercer.

Et, en vérité, ces contraintes ont été bénéfiques, car je dois dire que j'ai tout de suite pris goût à la vente, à la nécessité de convaincre, et que mes résultats ont été immédiats.

Mes échecs m'ont permis de découvrir un univers à mille lieues de celui dans lequel j'avais évolué, mais dans lequel je me suis senti à l'aise. Et si le vendeur est heureux, le client aura tendance à acheter plus facilement !

En revanche, j'ai, dès mes débuts, envisagé la suite !

Dans le réseau que j'avais intégré, le parcours était tout tracé pour ceux qui voulaient progresser, puisque le poste à conquérir était celui d'*inspecteur du cadre*, l'homme qui pilotait une équipe de commerciaux généralistes et spécialisés, responsables d'un portefeuille de clients sur un département.

Dès que j'ai commencé à faire mes preuves, j'en ai parlé à mon inspecteur, et lui ai demandé d'envisager de me faire suivre rapidement la formation interne qui menait aux postes de cadres.

Grâce à son expérience et son flair, cet autodidacte rusé a compris tout de suite l'intérêt qu'il avait, ne serait-ce que pour son image personnelle de recruteur de talent, à accéder à ma demande. Et il a tenu parole, car, deux ans plus tard, je commençais à entrer dans un cursus fort bien fait, alternant cours théoriques et stages pratiques, avant de passer le concours d'inspecteur, le passeport pour l'avenir.

Quel moteur sinon l'ambition ?

Mais encore faut-il savoir la présenter sous un jour favorable :

- faire consciencieusement le travail pour lequel on a été recruté,

- attendre un délai raisonnable pour en parler à son supérieur, afin de ne pas passer pour un impatient immature ou insatisfait de sa fonction actuelle,

- en parler comme d'une envie de progresser, mais surtout pas comme d'une volonté de remplacer son patron,

- s'engager, sur le plan personnel, à connaître une période de travail plus intense, puisque destinée à se préparer, en plus de ses fonctions quotidiennes, à un métier nouveau,

- ne pas demander d'augmentation pendant cette période transitoire, car il ne faut pas *mettre la charrue avant les bœufs*,

- et continuer, *business as usual*, sur son poste actuel.

Mon parcours s'est ensuite modifié : il a connu des inflexions imprévues liées à des rencontres et à des événements totalement extérieurs à ma volonté, des perches que l'on m'a tendues et dont j'ai eu la chance de ne saisir que les plus fructueuses.

Après l'inspectorat, j'ai été formateur commercial, producteur de télévision d'entreprise, puis j'ai découvert les métiers des services associés aux contrats d'assurance, que j'ai fini par diriger pour le compte d'un grand groupe mutualiste d'assurance.

Ma carrière atypique peut apparaître comme étrange en France, où les parcours sont plutôt fonction de la formation initiale suivie – *plus mon école est prestigieuse, plus j'irai loin* ! –, mais il est classique dans un pays comme l'Allemagne, où la plupart des dirigeants sont passés par tous les niveaux de leur entreprise.

C'est donc plus la personnalité de l'individu, ses capacités, son appétit de réussir, bref son ambition, qui conditionnent le déroulé de sa carrière.

Que tous ceux qui, pour des raisons diverses, n'ont pas réussi des études aussi brillantes qu'ils l'auraient souhaité ne se découragent donc pas ! Qu'ils s'appliquent à construire leur avenir en mettant en valeur leurs atouts personnels !

C'est un peu plus compliqué que pour les gens *surdoués*, mais c'est sans doute plus passionnant, et très gratifiant de ne devoir sa réussite qu'à sa persévérance et à son flair.

L'amour

Quelle drôle d'idée, allez-vous penser, que de parler d'amour dans un livre consacré au management ?

Et pourtant, l'amour est aussi un sujet dans les entreprises.

Un sujet parce que c'est à son travail que l'on passe le plus de temps ; parce que c'est à son travail que l'on rencontre le plus de monde ; parce que, à son travail comme dans sa vie privée, on a envie de se faire aimer par ses collègues ou ses supérieurs.

Et cette envie est souvent la cause de bien des problèmes. Les liaisons clandestines entretenues au travail avec tel ou telle collègue sont le plus souvent très pénalisantes. En effet, elles peuvent apporter fréquemment déconcentration et modification des comportements pour celui ou celle qui en est la victime, et donc la clandestinité ne dure pas longtemps.

Cela devient aussi un problème d'image à l'intérieur de l'entreprise. Ces liaisons sont appréciées différemment par les uns ou les autres : les capacités de séduction provoquent l'admiration de certains ou certaines, mais le reproche d'autres qui ne voudraient ou ne pourraient pas en faire autant.

Lorsqu'une liaison d'un manager est connue du marché, c'est l'image de l'entreprise qui est touchée ; pas forcément de manière très négative d'ailleurs, mais plutôt par l'ironie des commentateurs qui font des gorges chaudes de l'atmosphère courtelinesque qui y règne et ne se privent pas d'en parler dans tous les déjeuners en ville, fiers de connaître les secrets d'alcôve des dirigeants.

Ce genre de situation est donc difficile à gérer.

Car si deux collaborateurs de la même entreprise entretiennent une liaison, la façon la plus simple de régler la question est de l'officialiser.

Sinon, la cohabitation quotidienne des amoureux rend illusoire toute volonté d'y mettre fin. Les exemples que j'ai pu observer autour de moi se sont soldés par l'*exfiltration* d'un des partenaires dans une filiale ou une autre entreprise.

À propos d'amour, un film de Didier Kaminka (1990) évoque la *Promotion canapé.* Il raconte la carrière fulgurante de certaines femmes charmantes – eh oui ce sont plus souvent des femmes qui en bénéficient que des hommes –.

Douées de bon sens, celles-ci commencent par des postes intermédiaires qu'elles occupent avec brio, avant de bénéficier de promotions fulgurantes. Et d'atteindre le plus haut niveau des dirigeants de la société, avec une capacité d'adaptation rapide dans la tenue de leur nouveau poste.

Quittons maintenant cet univers de la gaudriole pour envisager l'affectivité dans le travail.

En effet, quel que soit son poste, on ne peut pas travailler efficacement sans aimer son travail, sans aimer ses collègues, du moins certains d'entre eux, sans aimer son entreprise. Et le manager ne peut pas commander efficacement une équipe s'il n'aime pas ses collaborateurs. Je dois dire que j'ai profondément aimé toutes les équipes que j'ai eu le privilège de diriger.

Mais le verbe *aimer* est ici plutôt synonyme d'*apprécier.*

C'est pourquoi il ne faut pas chercher à se faire aimer ! En utilisant par exemple la technique du *tutoiement.* La familiarité ne crée pas le respect !

Pour ma part, je n'ai quasiment jamais tutoyé un collaborateur, et je n'ai tutoyé mes supérieurs, à contrecœur, que quand ils me l'ont demandé.

Le vouvoiement permet d'entretenir le respect réciproque, il permet aussi de gérer toutes les situations de la vie professionnelle. Chacun sait qu'une relation professionnelle peut, comme dans la vie privée, connaître des hauts et des bas. Comment gérer un conflit sévère avec quelqu'un que l'on tutoie ? Comment sanctionner une personne que l'on a traitée comme un copain, voire comme un ami ?

On a sa vie privée pour se distraire ou se reposer, mais on est sur son lieu de travail pour travailler ! Élargir ses relations à de l'amitié personnelle avec des collaborateurs est, à de rares exceptions près, un jeu dangereux ! Au premier incident, l'amitié va perturber la gestion d'un problème et le rendre encore plus difficile à résoudre.

Ceci posé, je l'ai dit, j'ai aimé, apprécié toutes mes équipes avec sincérité. Mais cet amour des gens doit être naturel !

Je n'ai pas passé mon temps à faire de grandes déclarations aux uns et aux autres, mais je crois que, dans tous les postes de commandement que j'ai occupés, tous les gens ont ressenti le respect et l'affection que j'avais à leur égard.

J'ai eu le privilège de diriger beaucoup d'équipes jeunes. C'est une chance ! D'une part parce que cela maintient jeune, et d'autre part parce que transmettre des valeurs aux générations montantes est, finalement, essentiel si l'on veut que le monde avance et devienne meilleur.

L'argent

C'est un tabou en France ! Pourtant, chacun cherche à en gagner le plus possible. Et c'est bien normal ! Car c'est beaucoup par l'argent qu'est évalué un collaborateur. Et tout changement de poste ne s'envisage pas sans une augmentation de salaire.

En revanche, personne ne met en avant le montant de son salaire pour afficher sa réussite. À la rigueur évoque-t-on avec fierté les chiffres qui prouvent la réussite de l'entreprise dans laquelle on travaille, mais on ne va pas pour autant jusqu'à révéler sa rémunération.

Un grand patron qui n'hésitait pas à donner le montant de son salaire était le patron d'Orange, Stéphane Richard.

La rémunération est la récompense d'un travail, le premier moyen de reconnaître les qualités et le travail d'un collaborateur.

Traditionnellement, les collaborateurs des fonctions supports sont payés par un salaire fixe. C'est dans les métiers du commerce et chez les dirigeants qu'existent des formes de rémunérations alternatives : primes ou partie variable. Traditionnellement, ce second élément est celui qui sanctionne le plus le travail individuel, tandis que le salaire fixe sanctionne plutôt le comportement du collaborateur dans ses tâches quotidiennes. Plusieurs facteurs ont influencé l'évolution des modes de rémunération pendant une décennie :

- la quasi-absence d'inflation avait rendu caduque la nécessité de pratiquer des augmentations systématiques pour compenser la hausse du coût de la vie.

- s'y est ajoutée la montée en puissance de la *mode* de la performance individuelle, venue des pays anglo-saxons.

La récompense du travail bien fait a donc été considérée comme mieux reconnue par le biais d'une prime ou d'un variable versé à la lumière de l'entretien d'appréciation annuel.

Avec, il faut le dire, une approbation modérée des organisations représentatives du personnel, toujours plus favorables aux augmentations générales qui évitent de distinguer et de récompenser individuellement les talents !

Mais la rémunération variable est maintenant ancrée dans les habitudes, et cela ne choque plus grand monde.

On parle d'ailleurs souvent de *package* de rémunération, lorsque l'on y inclut la partie variable, les primes, la participation et l'intéressement, et les différents autres avantages que sont la mutuelle, les tickets restaurant ou les prestations d'un comité d'entreprise par exemple.

Le salaire acquis dans une entreprise est la manifestation d'une trajectoire, que l'on espère toujours ascendante. Mais, au-delà de son entreprise, il y a le marché. C'est lui le vrai juge de paix ! Car, si des circonstances favorables ou défavorables ont pu accélérer ou freiner une carrière au sein d'une société, elles n'existent pas aux yeux d'un recruteur ou d'un chasseur de têtes. Il faut donc savoir se vendre sur la base de ce que l'on sait faire : aucun autre élément n'entre en ligne de compte que l'expérience acquise patiemment au cours des années.

Et lorsque l'on est confronté à une démarche de recrutement ou chassé par un cabinet, n'oublions pas de nous demander : « est-ce que je suis capable de faire le job ? » On ressent cette capacité très vite par rapport à une proposition ; c'est notre feeling qui sera le juge de paix, rien d'autre !

J'ai eu la chance, tout au long de ma carrière, d'avoir ce feeling à chaque fois que l'on m'a proposé un poste. En me posant les 2 questions suivantes : « est-ce que je sais faire ce que l'on me demandera dans ce poste ? » Et : « Est-ce que j'ai envie de le faire ? »

Quand une seule des 2 réponses était « non », je ne me portais pas candidat sur ce poste.

Je pense que cela a été salvateur et m'a permis de ne pas connaître d'accident de parcours.

Une règle simple permet d'éviter les embûches :

Ne jamais avoir les yeux plus gros que le ventre, ne pas se sous-estimer, mais ne pas se surestimer non plus. En sachant que l'on ne gagne jamais d'argent sans rien faire et que, plus un employeur vous paie cher, plus ses exigences seront fortes.

L'autorité

Sur le papier, le dirigeant a du pouvoir, mais sur le terrain, il n'a plus de pouvoir ; il lui faut avoir de l'autorité. Avoir de l'autorité tant à l'égard de ses collaborateurs en interne que face à ses interlocuteurs hors de l'entreprise.

Qu'est-ce que l'autorité ?

C'est d'abord un pouvoir reconnu, parce que légitime ; il donne au dirigeant, régulièrement nommé, le droit de commander. Toutefois, ce pouvoir est insuffisant.

Il faut y ajouter un talent personnel, l'art de savoir se faire obéir.

À quoi peut être due cette autorité ?

À un diplôme chèrement acquis lorsque l'on est jeune, et que le comportement professionnel semble rapidement justifier : c'est un cas de figure idéal, qui signifie que le jeune cadre a une personnalité riche qui le pousse naturellement à diriger des hommes.

Avec le temps vient ensuite l'expérience, indispensable complément de la formation initiale. L'expérience apporte les enrichissements qui vont transformer les préceptes livresques en une attitude naturelle de dirigeant, avec les *ficelles* qui s'y attachent. L'autorité, c'est la représentation quotidienne de la valeur du dirigeant, c'est sa légitimité.

C'est parce qu'ils reconnaissent l'autorité de leur chef que les collaborateurs travaillent plus et mieux.

À l'inverse, l'absence d'autorité d'un manager amène démotivation et désordres dans ses équipes.

L'autorité est l'expression d'une compétence qu'il faut démontrer tous les jours : savoir parler, en face à face ou devant un groupe, savoir écrire à bon escient avec le ton juste et sans faute d'orthographe, savoir conseiller toujours, même quand une question posée semble simple ou au contraire trop compliquée pour être résolue d'une phrase. Bref, avoir de l'autorité c'est d'abord écouter les autres attentivement, décrypter leurs propos et répondre à leurs attentes.

Car si travailler soi-même est chose facile, faire travailler les autres est une autre affaire : un collaborateur ne travaille bien que s'il a bien compris ce qu'il doit faire et pourquoi il doit le faire. D'où la nécessité pour le manager de s'expliquer toujours avec talent pour imposer sa raison, son autorité.

Mais l'autorité reconnue en interne sera encore plus forte si elle est légitimée par les contacts externes du dirigeant. La *cote* interne doit s'appuyer sur des relations riches à l'extérieur, voire par exemple sur des responsabilités dans le cadre d'une branche professionnelle.

C'est ainsi que les équipes sont renforcées dans leurs convictions. Les collaborateurs fidèles se disent qu'ils ont raison de suivre un chef dont le prestige dépasse les limites de l'entreprise ; quant à ceux qui rechignent à reconnaître l'autorité de leur manager, les échos de son prestige externe ne peuvent qu'ébranler leurs convictions. À eux alors de s'interroger sur leur comportement et, s'ils sont sincères et intelligents, de le modifier ou de quitter l'entreprise.

On le voit, pas d'autorité sans compétence, pas d'autorité sans influence, pas d'autorité sans implication dans son métier, dans sa spécialité, et dans toute la vie de l'entreprise.

L'homme d'autorité n'est pas là pour se faire aimer, mais il est toujours respecté. Il ne limite pas sa réflexion à son domaine d'activité, mais il analyse aussi les autres secteurs de la société.

C'est ainsi qu'il se pose en professionnel complet, en stratège global, et qu'il montre qu'il est attentif à tous les sujets. Respectant ses collaborateurs, il sait respecter ses collègues dont il recueille les idées, à qui il donne son avis.

Son charisme s'étend, lui donnant ainsi les meilleures chances de progresser. Sa curiosité témoigne de son ouverture d'esprit.

Il a le *savoir-faire* et son sens de l'autorité démontre qu'il sait aussi le *faire savoir*.

La bienveillance

La racine latine de ce terme est « benevolens », littéralement « voulant du bien ».

La bienveillance est en effet « le sentiment par lequel on veut du bien à quelqu'un. » C'est une « disposition favorable envers une personne inférieure en âge ou en mérite » selon le Petit Robert.

L'homme bienveillant est celui qui veut du bien à son prochain.

« Quiconque éteint dans l'homme un sentiment de bienveillance le tue partiellement », a écrit le moraliste Joseph Joubert (1754-1824) dans ses *Pensées*.

À l'inverse de la malveillance, c'est une attitude de bonté et d'indulgence qui doit caractériser le bon manager.

Cette attitude comporte un élément d'affectivité. Car la bienveillance est un comportement qui implique d'être compatissant, empathique envers ses collaborateurs.

La bienveillance suppose une disposition à écouter favorablement, une indulgence affectueuse de la part du supérieur à l'égard de son subordonné.

Cette écoute s'impose en cas de problème personnel du collaborateur. Dans ce cas, il est souhaitable de s'abstenir de tout jugement, d'écouter avec attention, et de savoir, sans attendre, donner un conseil. Car c'est un conseil *externe* qu'attend le collaborateur, un conseil dispensé par quelqu'un qui a du recul par rapport aux événements et qui peut, de ce fait, apporter un avis différent, peut-être original, toujours apaisant.

Une écoute semblable s'impose si un collaborateur vient faire part d'une difficulté professionnelle. Dans ce cas, rien de pire que de ne rien faire, car une situation compliquée se résout rarement toute seule. Après avoir écouté attentivement l'exposé du problème, surtout pour vérifier sa réalité, le manager doit donc absolument décider si d'autres interlocuteurs doivent être entendus, et ensuite, au besoin après avoir pris le temps de réfléchir, prendre une position. « Je ne sais pas quoi faire » est une formule qu'un manager ne doit jamais prononcer, sauf à se voir répliquer à juste titre : « alors à quoi servez-vous ? » Le manager est avant tout quelqu'un qui prend des décisions.

Mais une entreprise est composée de multiples tempéraments, pas tous enclins à la bienveillance. Et le monde n'est pas fait de *bisounours*. Il ne faut pas confondre bienveillance et mollesse.

Celui qui cherche un conseil a aussi ses obligations : aucune bienveillance n'est due à une personne malhonnête, à un collaborateur qui se refuse à respecter la stratégie de l'entreprise ou qui propage le mauvais esprit. Mais, là encore, la forme est importante : point n'est besoin de faire preuve d'ironie, point n'est besoin de blesser celui dont on ne partage pas les valeurs. On évite ainsi de se comporter en harceleur, de pratiquer un management condamnable, celui qui se fonde exclusivement sur une position hiérarchique supérieure à celle de ses collaborateurs.

Le bon sens

Quel que soit le niveau de son poste, on doit toujours comprendre ce que l'on nous demande de faire, pourquoi il faut le faire, et comment on doit le faire.

Cela signifie que si, de bonne foi bien sûr, l'on ne comprend pas une consigne avec notre bon sens, c'est qu'elle est étrange ou mal expliquée. Dans ce cas, il ne faut jamais hésiter à demander une explication. On se rend service à soi-même, et on rend aussi service à d'autres, tous ceux qui n'ont pas compris mais n'osent pas le dire.

On rencontre souvent ce type de situation lors des réunions. Différents sujets sont abordés, et traités doctement par un sachant qui, spécialiste de son sujet, imagine que tous les participants en savent autant que lui. Il expose donc son savoir à un auditoire timide et réservé puisque, justement, il est là pour enseigner.

Entre désintérêt et inattention passagère souvent due à quelque épisode de somnolence des auditeurs, le discours se déroule tranquillement.

Quand survient une affirmation incompréhensible. Chacun se regarde en coin, l'intervenant ne voit rien puisque par définition il n'y a rien à voir, puisque par définition tout ce qu'il explique est clair, puisque par définition aucune interrogation ne peut venir le perturber.

C'est alors que l'on distingue l'audacieux : celui qui va oser poser la question fatidique : « vous venez d'affirmer que… pardonnez-moi, je n'ai pas compris… » Il croit être seul ! Mais plus de la moitié de la salle n'a pas compris non plus !

Et la réponse doit être claire, ce qui est loin d'être toujours le cas ; si elle ne l'est pas, il ne faut pas hésiter à reposer une ou des questions jusqu'à ce que l'on obtienne une réponse satisfaisante. On se croit souvent idiot et seul dans ce genre de situation. Ce n'est pas vrai ! 9 fois sur 10, on n'est ni idiot ni seul.

D'autres ont ressenti le même malaise mais n'osent pas prendre la parole pour le dénoncer. Alors courage !

Et je le répète : le seul juge de paix, c'est son bon sens ; c'est en se fiant à lui, sans aller rechercher des explications dans un manuel, que l'on juge de la clarté d'un propos, c'est en se fiant à lui que l'on formule les questions clarificatrices.

Le burn-out, le bore-out, le brown-out

Les conditions de vie d'aujourd'hui imposent d'organiser un équilibre vie professionnelle-vie privée que certaines personnalités ont du mal à trouver.

C'est ainsi qu'est né un nouveau mal du siècle, une forme de dépression que les anglo-saxons ont appelé *burn-out.*

Paradoxalement, le burn-out affecte les bons collaborateurs. C'est à cause d'un excès d'investissement dans leur travail que certains salariés en arrivent à être surmenés. Ils travaillent beaucoup mais ont l'impression de ne jamais en faire assez.

Un de mes collaborateurs de qualité qui en fut victime, ancien pompier de Paris pourtant, ce qui implique d'avoir des nerfs d'acier, m'expliqua qu'il avait tellement foi en son travail et en son entreprise qu'il en était venu à croire qu'elle reposait entièrement sur ses épaules. Il se sentait responsable de chaque incident, de chaque grain de sable qui se glissait dans ses rouages, et il n'en dormait plus la nuit.

D'où un état d'épuisement physique, émotionnel et mental dont il mit plusieurs mois à se remettre.

La nouvelle organisation du travail née de la réforme des 35 heures au début des années 2000 a provoqué une amplification des phénomènes de burn-out.

En effet, ses auteurs, politiciens professionnels connaissant mal le monde du travail, avaient lancé cette idée dans le confort de leurs bureaux feutrés sans consulter aucun chef d'entreprise. C'est ainsi que naquit une réforme du temps de travail uniforme, passer de 39 à

35 heures, qui ne prenait pas en compte la dimension des entreprises, T.PE., P.M.E. ou grands groupes, dans lesquels les problématiques et les contraintes étaient totalement différentes. En effet, quand on avait des collaborateurs nombreux, on pouvait réorganiser le travail, alors que des effectifs réduits de 1, 2 ou 3 personnes rendaient cette tâche impossible.

La réforme promettait une amélioration de la qualité de vie des travailleurs. Je me souviens de la propagande gouvernementale dont nous fûmes l'objet ! Tout irait mieux ! On pourrait s'occuper des enfants, avoir plus de loisirs, plus de vacances… Bref, le travail passait au second plan, derrière la société des loisirs. Martine Aubry, la ministre du *Travail,* ne cessait de vanter cette vie nouvelle où, enfin, le travail, donnée si nuisible, reprenait sa juste place derrière la seule chose importante, le loisir.

Le chômage n'a pas diminué. Tous les efforts des présidents de la République successifs depuis une dizaine d'années n'ont pas réussi à modifier cette situation, qui ampute considérablement notre compétitivité économique.

Mais revenons au burn-out. Aucun français, aucune entreprise, aucun syndicat même, n'avait demandé une telle diminution du temps de travail, et personne n'y était donc préparé.

Beaucoup de congés supplémentaires pour les employés, des *forfaits-jours* pour les cadres que l'on ne pouvait cantonner dans des horaires fixes, c'étaient des changements brutaux non anticipés.

Comment organiser cette nouvelle vie ? Comment profiter de ces temps pour se reposer vraiment, comment ne pas *gaspiller* ces espaces supplémentaires ? On constata que bien des salariés profitèrent de ces jours pour accomplir des tâches diverses, souvent des rendez-vous administratifs, certes utiles mais certainement pas reposants. Quant aux cadres, ils se virent souvent obligés de faire ce que leurs subalternes ne faisaient plus puisque, la réforme supprimant toute notion d'horaires pour eux, augmentait en réalité leur charge de travail. L'équilibre tant promis entre la vie professionnelle et la vie privée ne se produisit donc pas.

Le *bore-out* est, lui, un épuisement professionnel par l'ennui. Chacun peut constater que la vie de l'entreprise n'est pas un long fleuve tranquille et régulier. On alterne entre périodes intenses et périodes plus calmes, en fonction de l'activité et parfois en fonction des saisons.

Dans le métier de l'assistance par exemple, c'est l'été qui est la plus grosse période d'activité, celle où les Français sont les plus nombreux à partir en vacances sur les routes, dans les trains ou dans les airs. C'est donc une activité intense et des recrutements nombreux pour répondre rapidement à des clients toujours stressés, même si leur problème est sans grande gravité. Pour un salarié qui fait la *saison*, pas le temps de s'ennuyer.

Mais pour celui qui est employé toute l'année, il faut savoir gérer l'alternance de ces saisons chargées et des périodes plus calmes. C'est là que j'avais donc positionné des formations, des réorganisations, des réunions d'information que j'animais personnellement, toute une boîte à outils pour favoriser l'évolution des collaborateurs et éviter l'ennui.

En 2013, un anthropologue anarchiste publia un livre au titre évocateur, *Bullshit Jobs,* qui dénonçait les métiers sans intérêt qui frustrent les salariés.

De là naquit le concept de *brown-out,* malaise d'un collaborateur capable mais démotivé par la perte de sens de son travail. Il ne trouve plus d'intérêt aux tâches qu'il effectue et il n'arrive donc plus à se projeter.

Ces symptômes sont difficiles à déceler : le salarié est comme absent en réunion, il fait son travail comme en dilettante. Ce sont surtout les jeunes qui sont touchés par cette pathologie, ces générations en quête de sens tant dans leur vie professionnelle que dans leur vie privée.

Il est important d'identifier ces malaises ! Comment y faire face ?

D'abord par l'écoute des salariés. Le grand groupe d'assurances dans lequel je travaillais avait courageusement pour l'époque, mis en place dès le milieu des années 2000 un « baromètre social » qui se déroulait tous les 2 ans.

Un questionnaire d'une vingtaine de pages est mis en ligne pendant 1 mois, une grosse campagne de communication l'accompagne, et des relances régulières nombreuses incitent les plus récalcitrants, ou négligents, à répondre : stratégie de l'entreprise, niveau d'information apporté par les managers sur la stratégie et l'environnement du groupe, confiance dans la stratégie et dans l'avenir, vision de sa propre carrière dans sa société, ambiance du travail quotidien, tout y passe. Et, bien sûr, le taux de réponse, globalement très élevé, est soigneusement mesuré et scruté.

Le véritable challenge est d'organiser la suite du questionnaire : identifier les axes d'amélioration et prendre les mesures correctives nécessaires afin de ne pas retrouver les mêmes critiques lors du baromètre suivant. Les salariés doivent être eux-mêmes les moteurs de ces actions.

La régularité de cette enquête est d'ailleurs un gage de son sérieux. Et le personnel joue le jeu avec des taux de réponse de plus de 80 % sur l'ensemble du groupe et de près de 100% dans certains services ou filiales.

Prendre le pouls de l'entreprise d'abord, donc. Et traduire les valeurs de l'entreprise en éléments mesurables, et conformes aux promesses faites aux collaborateurs.

Ensuite, développer la confiance, l'autonomie, la responsabilisation, autant d'items qui ressortent chaque année, démontrant la volonté des salariés de bien faire.

Enfin, pour motiver chacun, il paraît indispensable d'automatiser les tâches répétitives et chronophages afin de laisser l'humain apporter sa véritable valeur ajoutée.

La carrière

C'est le rêve de tout débutant d'essayer de « faire carrière », c'est-à-dire d'embrasser la vie professionnelle et de réussir à s'y épanouir en occupant les postes qui l'intéressent et le stimulent. Nous n'évoquerons pas ici le cas du collaborateur qui se contente de son emploi initial et ne cherche pas à s'enrichir en découvrant d'autres aspects de la vie de l'entreprise. Non qu'il manque de mérite ou de sérieux, mais il n'a pas besoin de conseils. Au contraire, nous tenterons de décrypter les étapes d'un itinéraire varié et progressif.

Premier obstacle à franchir : le diplôme. C'est le laissez-passer obligatoire, la clef d'entrée dans l'entreprise. Et en France, il est bien difficile de choisir le bon diplôme et de le réussir. En effet, quel étudiant de 15 ou 16 ans est capable de savoir ce qu'il veut faire, à de très rares exceptions près ?

Manque de maturité, absence de conseils efficaces, sont trop souvent le lot de ces jeunes gens, qui vont donc se trouver entraînés dans une filière souvent non désirée.

Pas de quoi s'alarmer cependant : il faut considérer que ces études, quelles qu'elles soient, sont souvent une source d'enrichissement personnel, et qu'elles apporteront leurs bienfaits le moment venu. L'important donc, c'est d'obtenir un parchemin : si l'on embrasse ensuite une carrière dans cette même spécialité, le diplôme permet de démarrer à un niveau plus élevé dans la hiérarchie. C'est ainsi qu'en sortant d'une école de commerce, on intégrera une filière commerciale ou de gestion à un poste de responsabilité.

Toutefois, si, le diplôme passé, on décide de changer d'orientation, la carrière sera au départ moins rapide : avec un diplôme de lettres, entrer dans la vente implique une révolution culturelle plus intense, mais le pari peut être gagné si la volonté et la force de caractère viennent compenser les insuffisances théoriques.

Mais pour bien entrer dans la vie professionnelle, un complément sur le terrain s'impose : stages ou missions peuvent être très utiles pour mettre à l'épreuve de la *vraie vie* les enseignements livresques reçus. On sait le rôle des cabinets de conseils, toujours à l'affût des jeunes diplômés à la sortie de leurs études pour leur confier des missions variées.

Ces missions constituent de bonnes opportunités. En effet, elles permettent de découvrir plusieurs facettes des entreprises dans lesquelles on les exerce, et elles permettent de compléter un réseau que l'on aura commencé à créer pendant ses études. Peut-être pourra-t-on découvrir où l'on veut vraiment aller, et construire un projet professionnel, en prenant soin toutefois de ne pas se faire coller une étiquette trop vite !

Au fil du temps, on va constater que c'est l'expérience qui prime, c'est-à-dire le bilan véritable de ce que le collaborateur sait ou ne sait pas faire. En effet, la vie quotidienne de l'entreprise ne s'apprend pas dans les écoles – pas plus d'ailleurs que dans les cabinets ministériels – mais bien en se frottant jour après jour aux réalités et aux préoccupations du terrain.

C'est pourquoi, diplômé ou pas, le collaborateur débutant doit faire preuve d'humilité, il doit se couler dans le moule de l'entreprise, écouter les autres avec toujours le désir d'apprendre et de se perfectionner. Car on apprend tous les jours en travaillant au contact d'autrui, et on se met donc dans les meilleures conditions pour évoluer.

C'est la curiosité qui prépare à la mobilité, cette gymnastique qui permet de passer d'un poste à l'autre, d'une entreprise à une autre, voire de créer sa propre entreprise, en enrichissant chaque fois son savoir-faire et sa carte de visite. Et sans confondre mobilité et agitation, car il faut que la logique et la cohérence guident toujours son parcours.

Il est bien connu par exemple qu'en France, l'expatriation est à la mode. Mais si partir est aisé, le retour au pays s'avère souvent beaucoup plus complexe. Car l'entreprise a évolué pendant ces années d'absence, et retrouver un poste de même niveau que celui que l'on a quitté n'est pas évident !

C'est ainsi que j'ai connu plusieurs collègues tentés par l'expatriation qui sont partis à l'étranger pour une période relativement brève, et qui se sont retrouvés expatriés à vie, passant de pays en pays faute de pouvoir rentrer en France. Cela n'est pas forcément désagréable, mais c'est un risque dont il faut être conscient et qu'il faut prendre en compte lorsque l'on part.

On le voit, diplôme et expérience sont complémentaires, mais même avec un diplôme mal ou pas adapté, il ne faut pas hésiter à rentrer dans le monde du travail. Chaque porte ouverte est une chance à saisir, et chaque mois travaillé est une expérience accumulée.

La formation continue viendra ensuite perfectionner le collaborateur dans son métier. Il appartient au dirigeant d'être convaincu de la nécessité de faire participer ses équipes à des stages de formation utiles. Les organismes ne manquent pas, de valeurs très inégales, le plus difficile est sans doute de détecter les meilleurs.

Tout séminaire de formation bien organisé a son utilité, ne serait-ce que parce qu'il permet aux participants de respirer, de *lever le nez du guidon* pendant quelques jours.

Deux autres suggestions peuvent apporter un enrichissement supplémentaire : l'enseignement et les responsabilités para-professionnelles :

L'enseignement est un exercice intéressant : inculquer aux autres ce que l'on sait, c'est le rôle ultime du manager, la transmission de son savoir et de son expérience. C'est en même temps perfectionner son sens pédagogique, puisque *ce qui se conçoit bien s'énonce clairement*. C'est l'occasion aussi de perfectionner sa sociabilité, une qualité comportementale essentielle pour accepter son chef et se faire accepter de ses subordonnés.

Une autre manière de se perfectionner et de gagner en intérêt est de prendre des responsabilités au niveau des organisations professionnelles : les syndicats, s'ils sont raisonnables, et aussi surtout les fédérations professionnelles qui recèlent toujours de multiples commissions ou groupes de travail où chacun peut trouver une place.

Autres avantages de ces organisations : elles permettent de défendre la cause de son entreprise qui n'est pas toujours celle des entreprises concurrentes, elles sont un moyen de s'ouvrir l'esprit, de *prendre l'air* à l'occasion de leurs réunions. Elles sont aussi l'occasion de rencontrer des collègues d'autres entreprises. Et pourquoi pas de découvrir un futur employeur ?

Théorie et pratique se rejoignent alors, n'est-ce pas la formation optimale pour une carrière idéale ?

Le charisme

En grec ancien, *Kharisma* désignait les sacrements et certaines manifestations de la vie religieuse. Et c'est vrai qu'il y a quelque chose de sacré dans ce terme : un leader charismatique est un chef à qui l'on attribue des vertus mystérieuses qui lui donnent une influence et un rayonnement qui sortent de l'ordinaire, qui sont comme surnaturels.

Quelles qualités faut-il pour rayonner ainsi sur ses collaborateurs ? Sans doute des qualités naturelles, innées, mais aussi des caractéristiques que l'on acquiert au fil de son expérience.

Avoir du charisme, c'est d'abord se faire respecter. Le chef véritable ne doit pas constamment faire état de son titre ou de son grade ; il s'impose au contraire naturellement parce qu'il se sent à l'aise dans sa fonction, au milieu de son équipe. Il est l'arbitre ultime, celui à qui l'on s'adresse pour résoudre en dernier ressort les problèmes qui se posent. C'est donc d'abord sa façon d'être qui suscite le respect.

Mais il est aussi respecté pour sa compétence. Ayant pris son poste à bras le corps, il a pris soin, en observant ses collaborateurs plus expérimentés, de bien comprendre son entreprise, sa stratégie, ses produits et ses clients. Ce faisant, il s'implique dans sa société et dans sa fonction, il accepte d'effectuer toutes les tâches même au-delà de son poste : il manifeste ainsi son état d'esprit positif, son respect pour l'ensemble des collaborateurs, et sa curiosité qui va l'aider à franchir les étapes du succès.

Quand on lui demande un avis, il réfléchit certes avant de parler, mais il s'exprime toujours, prouvant qu'il s'imprègne de l'entreprise et qu'il envisage son devenir, même sur les sujets dont il n'a pas encore la responsabilité. Il est tout le contraire du *Monsieur, je ne sais pas*, celui qui n'a jamais d'avis sur rien.

Il affirme ainsi son image de futur dirigeant, d'homme complet que sa hiérarchie doit remarquer et classer parmi les fameux *cadres à haut potentiel*. Bien sûr, cette image doit être sincère et conforme à ce qu'il est. Il est en effet impossible de conserver longtemps une image différente de sa vraie nature.

N'oublions pas en effet que ceux qui créent l'image du dirigeant et la font vivre, ce ne sont pas ses supérieurs qui le rencontrent de loin en loin, mais bien ses collaborateurs qui le voient vivre au quotidien. Ce sont eux qui vont en dessiner les contours et la véhiculer jour après jour jusqu'aux oreilles de la hiérarchie. Pour ces hommes donc, impossible de tricher ; le maquillage se craquelle vite et une image se ternit plus vite qu'elle ne se crée : toute la crédibilité du manager est alors perdue pour toujours.

Autre composante du charisme : l'honnêteté. La gestion des hommes doit être honnête, c'est-à-dire simple et saine. Le chef véritable est capable d'affronter tous les collaborateurs et tous les problèmes avec réalisme et franchise. Il pratique la transparence et préfère mettre à jour les problèmes pour les régler. Tous les hommes sont donc informés et leur comportement s'en ressent : l'équipe évite les *coups tordus*, et le climat s'assainit.

La fédération *positive* est donc plus difficile à obtenir. Bien entendu, il est difficile d'espérer que les gens s'aiment, – c'est difficile quand on ne s'est pas choisi et pas forcément souhaitable, – mais l'important est de respecter l'autre avec son caractère et sa façon de travailler, aussi différente soit-elle de la nôtre.

Ainsi que je le dis par ailleurs, un précieux allié du manager peut être l'humour : il aide à dédramatiser les situations et manifeste que le chef sait prendre du recul par rapport aux événements. Il est souvent une arme essentielle pour apaiser un conflit dans une réunion, mais aussi pour faire passer un message pas toujours drôle. Et il est rare qu'un collaborateur ne soit pas sensible à l'humour de son patron. Toutefois, humour n'est ni dérision ni ironie : au chef de savoir aussi écouter avec sérieux un problème grave, sans se moquer de celui qui le lui présente. Cela ne l'empêchera pas, parfois, d'en rire intérieurement.

On le voit, le charisme est un concentré subtil de nombreuses qualités : respect, compétence, implication, honnêteté, humour sont autant de caractéristiques du leader charismatique : il rayonne au milieu de son équipe, et son exigence motive ses troupes : il place la barre haut quand il fixe des objectifs et il sait qu'en permanence, il doit donner l'exemple. C'est ainsi qu'une équipe est toujours à l'image de son chef, et progresse avec lui.

Les clients

Pas d'entreprise sans clients ! Quoi qu'en pensent bien des gens, c'est le client qui fait vivre une entreprise. C'est donc le premier devoir d'une entreprise que de soigner ses clients.

L'histoire n'a pas toujours accordé au client la place qu'il mérite. Mais l'évolution de la réglementation européenne ne cesse de sanctuariser le client, et lui donne une importance grandissante. On assiste à la montée en puissance du consumérisme : émissions de radio ou de télévision, presse papier, réseaux sociaux, comparateurs, enquêtes qualité, de nombreux supports sont à la disposition des consommateurs pour choisir et juger leurs fournisseurs.

Il n'est plus rare de recevoir, après un événement banal, un voyage en train ou en avion, un service à domicile, une course de taxi, un repas au restaurant…, une *enquête de satisfaction* qui vous demande ce que vous avez pensé du déroulement de ce que vous venez de vivre. Au point d'ailleurs que ces sollicitations finissent par lasser…

Le client a toujours raison ! C'est un postulat essentiel. Une vérité intangible ! Seule compte la perception qu'il a de la démarche qu'il entreprend. Les comportements des fournisseurs sont un des éléments du jugement, mais il faut les confronter aux ressentis des clients. Car la pérennité d'une entreprise passe par la fidélité de ses clients. Toute sa stratégie doit être construite pour conquérir et conserver cette fidélité, bien moins coûteuse que la conquête de nouveaux prospects.

Comment faire ? Le sens commercial n'est pas le mieux partagé en France. Les collaborateurs commerciaux sont souvent méprisés, jugés comme pratiquant des métiers légers, voire comme travaillant souvent à la limite de l'honnêteté.

Il est vrai que le commerce ne s'enseigne pas. Les écoles françaises dites *de commerce* enseignent beaucoup de choses, le management, la comptabilité, la gestion, le marketing…, mais rarement la vente. Je ne dis pas que c'est une matière facile à conceptualiser et à enseigner. Mais certaines techniques de vente peuvent s'apprendre.

Au début de ma carrière dans le monde de l'assurance-vie, je me souviens d'avoir suivi un stage de formation de 4 semaines, animé par des vendeurs expérimentés. Et j'ai tout appris !

Dès mon premier jour sur le terrain, j'ai réalisé des affaires, et une dynamique positive s'est aussitôt enclenchée. Pourtant j'étais issu d'un milieu familial très éloigné de cette spécialité. Et mes études de langues anciennes ne me prédisposaient nullement à embrasser une carrière commerciale. Je pense que le sens commercial est un talent inné, et qu'il est difficile de devenir un bon vendeur si l'on n'est pas naturellement doué de ce talent.

On peut toujours s'améliorer, se perfectionner, mais c'est difficile si on part de zéro. Les premières conditions sont d'avoir le sens du travail et le sens du contact.

Cela implique plusieurs comportements :

- Être courageux pour prospecter, trouver les clients susceptibles d'acquérir les produits ou services que l'on propose. On ne prospecte avec succès que si l'on travaille.

- Savoir écouter l'autre, être attentif quand il vous parle, le regarder dans les yeux sans se laisser distraire par des bruits ou des images parasites, se concentrer sur ses propos pour deviner ses besoins.

- Réfléchir aux réponses que l'on pourra apporter à ses demandes. Si celles-ci nécessitent une réponse immédiate, il faut pouvoir la donner. En revanche, si les demandes nécessitent de réfléchir avant d'y répondre, il ne faut pas hésiter à prendre son temps ; en effet, une réponse bâclée ne sera pas satisfaisante.

- Proposer la solution que le client attend. Si l'on a bien respecté les étapes précédentes, la solution doit lui donner satisfaction.

- Assurer ensuite le *back-office*, c'est-à-dire le suivi du client. Ce suivi peut prendre différentes formes en fonction du client :

- si c'est un particulier, il faut s'engager à le revoir pour faire chaque année un bilan commercial ;

- si c'est une entreprise, il faut nouer avec le dirigeant un contact personnel, aller au-delà du contact institutionnel.

Cela paraît parfois superflu, mais je persiste à penser que c'est extrêmement utile pour la pérennité des affaires dans le commerce *b to b*.

Quitte à en étonner certains, je suis un chaud partisan de ce que l'on appelle les *déjeuners d'affaires*, que l'on considère parfois comme du temps perdu. C'est l'occasion d'aborder des sujets plus intimes, de mieux se connaître, de se trouver parfois des goûts communs, et de créer ainsi des liens plus solides qui seront forcément un élément de différenciation lors de négociations ultérieures.

La relation humaine reste la clef d'une relation client de qualité. Aucune machine, aucune intelligence artificielle, si perfectionnée et innovante soit-elle, ne remplacera le contact entre deux êtres humains animés de la volonté de réaliser ensemble une affaire, d'aboutir ensemble à une conclusion *gagnant-gagnant* qui ménage les intérêts bien compris des deux parties.

Et c'est heureux !

Le collaborateur

Une entreprise est une organisation qui ne serait rien sans les hommes qui la composent. Et ceux-ci ne seraient pas eux-mêmes s'ils ne pouvaient s'exprimer et s'épanouir dans le cadre de leur travail.

Les ravages du chômage nous montrent tous les jours l'importance de la partie professionnelle de l'existence : on passe beaucoup de temps sur son lieu de travail, souvent quasiment autant que chez soi, et il faut s'y sentir bien. Cette atmosphère, c'est le dirigeant qui la crée : par sa personnalité, sa façon propre de travailler, son style de management, il génère le bien-être ou l'angoisse, le bonheur ou le stress.

Le bon dirigeant doit être lui-même à l'aise dans son rôle et dans son travail : le sourire est de rigueur, et avec lui l'optimisme qui permet de déplacer les montagnes.

Positif avec ses hommes, le manager fait preuve de chaleur humaine, il rassure et apaise les inquiétudes car son expérience et son tempérament lui ont appris à prendre du recul face aux aléas de la vie de l'entreprise.

Incontestablement, cette attitude est plus difficile pour le tout jeune dirigeant sortant frais émoulu de son école. Celui-là devra au début de sa carrière apprendre les pièges de l'âme humaine, observer avec acuité les comportements des plus anciens pour savoir se faire une carapace d'expérience et affronter les problèmes de ses collaborateurs.

Les surprises abondent, lorsque l'on dirige une équipe : *tot homines, tot sententiae*, dit l'adage latin : *autant d'hommes, autant d'avis*, autant de tempéraments, autant de comportements, autant de façons de voir les choses, autant de questions. Il faut s'attendre à gérer toutes sortes de problèmes tout au long d'une journée de travail, de la remarque anodine à la réflexion plus dissimulée, de la question qui paraît simple au problème complexe.

Aucun propos ne doit être pris à la légère car derrière son apparence première peut se cacher une vraie mise en cause d'un collaborateur, d'un contexte, d'un climat. La réponse n'est pas toujours facile ; pas de précipitation s'il faut prendre du temps pour répondre, mais pas de délai de réponse long si une solution s'impose immédiatement.

Et surtout en permanence, écouter, écouter toujours. Et pourtant, le dirigeant n'a pas toujours le temps ; alors, à lui de s'organiser pour éviter de perdre des journées à recueillir des opinions qui ne sont pas toujours exactes ni utiles. À lui d'apprendre à faire le tri entre les hommes et les avis, entre les informations et les sentiments, entre le factuel et l'affectif.

C'est ainsi qu'il pourra tirer parti des communications qui lui sont apportées, des collaborateurs fiables qui lui rapportent de vraies impressions et qui peuvent l'aider à affiner sa stratégie après être passées au filtre de son expérience.

Cette stratégie va amener le dirigeant à gérer son équipe, c'est-à-dire son groupe de collaborateurs qui doit comprendre l'intérêt du travail collectif. La mise en commun régulière des expériences, dans le cadre des réunions par exemple, présente beaucoup d'avantages.

Elle est source d'enrichissements :

- par l'expérience : les nouveaux apprennent les secrets des anciens ;

- par la transparence : on met sur la table les réussites mais aussi les échecs

- par l'esprit de corps qu'elle crée entre les membres de l'équipe qui prennent confiance en eux.

Il revient au patron d'entretenir le climat, avec son charisme et son autorité, et d'offrir à chacun la possibilité de se sentir bien dans sa peau et de se construire un parcours professionnel intéressant.

La communication

Tarte à la crème des années 80, la communication a perdu de son aura avec la grande crise économique qui a suivi et qui a réduit les budgets comme peau de chagrin.

Or, si l'ériger en science nouvelle toute puissante était sans doute excessif, la condamner comme un gadget inutile l'est tout autant. En effet, tant que l'on considérera qu'une entreprise est d'abord une communauté d'individus, la communication sera une composante indispensable du management.

Externe ou interne, orale ou écrite, la communication doit être une qualité du dirigeant. Car faute de communiquer, celui-ci rencontrera inévitablement de gros problèmes, et pourra même y laisser son poste. Il y a plusieurs formes de communication :

La communication externe de l'entreprise n'est pas l'affaire du manager seul. En effet, une campagne de communication ne s'orchestre pas depuis le bureau du responsable : il va faire appel nécessairement à des conseils, agences ou consultants, qui vont lui faire des propositions après avoir été *briefés* sur les thèmes choisis. Sur ce sujet donc, le rôle du dirigeant est de bien définir à qui il veut s'adresser, quand il souhaite le faire, quel média il utilisera et, bien sûr, quel budget il a décidé de consacrer à sa campagne. On lui proposera alors plusieurs formules :

- De la publicité *classique* sur support presse écrite, radio ou télévision. web, réseaux sociaux

- Des actions de relations publiques, ou de relations presse, par exemple pour lancer un nouveau produit.

- Le sponsoring d'une chronique dans un journal, à la radio ou à la télévision.

- Une action de mécénat, c'est-à-dire le soutien d'une ou plusieurs causes (la maladie, l'exclusion, l'enfance...) dont l'image est un bon support pour l'activité de l'entreprise.

Une fois l'axe de communication choisi, il reste à mettre en place une campagne cohérente dont il faudra mesurer le rapport coût-bénéfice et les retombées. On sait qu'il existe de multiples manières de présenter les résultats d'une campagne, et que certaines d'entre elles sont ambiguës.

Je pense notamment à la mesure des retombées d'une campagne web selon le critère d'un nombre de clics dont une bonne partie révèle peut-être une curiosité mais certainement pas une intention d'achat.

L'évaluation est donc une tâche compliquée et dont la valeur sera relative, mais pourtant c'est un suivi indispensable de toute action.

Les relations avec la presse sont un exercice difficile. En effet, il est rare qu'un journaliste qui vous sollicite n'ait pas une idée très précise de ce qu'il veut obtenir de vous. Mais il le dit rarement ! C'est pourquoi l'interview peut rapidement devenir un piège dont on a du mal à sortir indemne. Certaines émissions d'investigations de la télévision sont, à cet égard, emblématiques : le sujet de l'entretien est présenté comme valorisant pour l'interviewé ou son entreprise, et en effet, cela commence bien ; mais à la fin du dialogue survient *la* question-piège qui met dans l'embarras l'interviewé, et qui ruine l'effet positif de l'exercice.

Lorsque je suis l'objet d'une demande d'entretien, je m'efforce toujours de questionner le journaliste pour tenter de savoir ce qu'il recherche véritablement : est-ce la question qu'il prétend vouloir traiter ou un autre sujet plus difficile, plus polémique, qu'il dissimule soigneusement pour ne pas se heurter à un refus de ma part. ?

Dans les années 2010, je fus sollicité par un journaliste, rédacteur en chef d'un important magazine télévisé, qui consacrait toute son émission aux systèmes de télésurveillance, objet d'une des sociétés que je dirigeai alors, et me demanda de pouvoir filmer une installation chez un de mes clients.

Intéressé par cette forme de *publicité* gratuite, je donnai mon accord et trouvai un client qui accepta de recevoir une équipe de tournage un samedi.

Tout se passa bien, l'installation des radars et des capteurs dans ce joli pavillon fut bien décrite par les images et le commentaire, et le client était fier de *passer à la télé.*

Sauf que, en fin d'émission, j'eus la surprise de voir intervenir un pseudo ingénieur, pseudo expert des installations anti-vol, qui expliqua que, pour réduire à néant l'efficacité de ces systèmes, il suffisait de couper les fils du téléphone de la maison. (C'était l'époque où il y avait encore des téléphones filaires).

Ce qui prouve que l'objectif de cette émission était seulement de créer une polémique, de mettre le doute dans l'esprit des clients, quitte à réduire à néant une technologie de prévention des cambriolages qui fait ses preuves tous les jours.

Sans compter que couper les fils de téléphone n'était pas si facile, et nécessitait un certain professionnalisme des voleurs, alors que la plupart des cambriolages de particuliers, hormis les vols d'objets d'art *sur commande* est l'œuvre de petits voleurs d'occasion qui profitent d'une absence inopinée des occupants pour se servir en bijoux et en argent liquide, sans avoir élaboré une stratégie réfléchie.

Inutile de dire que je protestai avec véhémence auprès de la chaîne, mais le mal était fait !

J'eus cependant l'occasion de prendre ma revanche quelques mois plus tard quand cette même chaîne me demanda l'autorisation de rediffuser ce reportage.

J'opposai un refus catégorique à cette rediffusion, content d'obliger les programmateurs à trouver un autre sujet de 52 minutes, ce n'est pas rien, pour *boucher ce trou* de l'antenne !

Méfions-nous donc des demandes de la presse, et, par-delà la fierté que suscite une demande d'interview, vérifions toujours sa motivation profonde, au-delà de son motif prétendu.

La communication interne est un autre exercice face auquel le dirigeant est plus isolé. En effet, si l'on fait une enquête d'opinion dans une entreprise, le déficit de communication interne apparaît toujours comme l'un des reproches principaux des salariés : « On ne se connaît pas vraiment », « il devrait y avoir plus de réunions entre les différents services », « on ne se parle pas assez entre nous », « on ne connaît pas bien les produits que les commerciaux vendent », autant de phrases qui reviennent toujours, et qui ne sont pas innocentes.

Car, « si je ne communique pas avec mes collègues, ce n'est pas de ma faute, mais c'est parce que l'organisation de l'entreprise ne me permet pas de le faire ». Ce comportement fréquent oblige donc les dirigeants à créer une communication interne *institutionnelle*, car la machine à café ou le cendrier dehors, lieux informels et mythiques de toutes les rencontres, de toutes les confidences et de toutes les rumeurs, ne suffisent plus, et le patron doit organiser la communication. Il a à sa disposition peu de médias : l'écrit ou l'oral.

Les panneaux d'affichage sont des endroits où les collaborateurs s'arrêtent volontiers. Mais, soyons honnêtes, les panneaux syndicaux font plus recette que le tableau du patron. En effet, les organisations syndicales peuvent manier l'humour ou la dérision là où les dirigeants, eux, doivent se contenter d'informer de manière rigoureuse, et donc plus austère.

Au début des années 80, j'ai eu l'occasion de vivre la naissance de ce qu'on a appelé la *communication d'entreprise* : tout dirigeant digne de ce nom se devait de recruter un *directeur de la communication* chargé de mettre en scène ses exploits.

À l'époque, le grand groupe d'assurances nationalisé dans lequel j'officiais venait de se voir affecté à sa tête, par le pouvoir politique, une femme d'exception, la première femme énarque, la première femme préfet (on ne disait pas encore *préfète*), et la première femme *cheffe* d'une entreprise nationale.

Une femme de tempérament qui avait le goût de la communication et qui recruta un journaliste d'une radio nationale pour travailler à ses côtés.

Elle fut d'abord confrontée à la naissance du consumérisme. En effet, l'entreprise qu'elle dirigeait commercialisait depuis des décennies des produits d'épargne et d'assurance-vie aux rendements particulièrement opaques et incertains, notamment à cause des systèmes de rémunération des réseaux commerciaux en *pyramide* : toute la hiérarchie commerciale était commissionnée sur les ventes, ce qui avait pour conséquence de diminuer considérablement le rendement de ces contrats.

Les réclamations des clients affluaient, les attaques des organisations de consommateurs ne cessaient de s'amplifier malgré l'inexistence des réseaux sociaux, les dirigeants précédents n'avaient pas pris conscience de ces bouleversements, et il devenait urgent de prendre ce problème à bras le corps.

Elle décida de mettre fin à la commercialisation des produits contestés, et elle demanda à ses équipes de créer un produit d'épargne *sans frais d'entrée*. Une révolution sur le marché de l'époque !

Il restait à faire connaître ce bouleversement, et bien sûr à faire la promotion de ce nouveau contrat. Bien conseillée par son directeur de la communication, la présidente décida de parler à ses clients directement via des spots télévisés diffusés sur toutes les chaînes aux heures de grande écoute. Ce contrat fit *un tabac* sur le marché, et l'image très écornée de l'entreprise se releva rapidement.

Ce ne fut pas le seul exploit de cette présidente. Car elle avait un naturel très autoritaire et ne voulait pas s'en laisser conter par les syndicats de la société.

Dès les premières réunions des comités d'entreprise, confrontée à des partenaires sociaux bien organisés, elle ne manqua pas de constater que tous les débats des instances sociales se retrouvaient transcrits, dès la sortie des réunions, sur les panneaux d'affichage (qu'on appelait alors *dazibaos*, en hommage aux affiches de la résistance chinoise à l'oppression de Mao Zedong), qui ornaient les couloirs les plus fréquentés de la tour de la Défense.

C'était le siège de l'entreprise, celui où venaient tous les visiteurs importants, qui étaient obligés de passer devant ces panneaux constituant des sources d'informations peu glorieuses. Vexée de se faire ainsi griller la politesse et de voir les messages de la direction dévoyés, elle décida d'une mesure radicale : créer une station de radio interne.

Il faut rappeler que c'était l'époque où les médias sortaient de la préhistoire : des fréquences s'ouvraient, qui allaient être attribuées à des *radios libres* qui viendraient concurrencer les seules antennes existant alors : *France Inter, Europe N° 1, et Radio Luxembourg.*

Forte de sa grande ambition, la présidente mit de gros moyens : elle acquit et distribua aux 4000 collaborateurs du siège des petits postes de radio dont la fréquence était préréglée sur la radio de la compagnie. Un studio équipé *dernier cri* fut installé au sous-sol de la tour, et une équipe d'animateurs fut recrutée.

Il fallait bien occuper l'antenne toute la journée, et les informations sociales n'y suffisaient pas. C'est pourquoi une programmation classique de radio traditionnelle fut élaborée : au programme quotidien : de la musique, les menus de la cantine, quelques interviews de dirigeants, des actualités, et… très peu de nouvelles sociales. L'objectif ne fut donc que partiellement atteint.

Mais surtout, la déferlante des nouvelles radios intéressa beaucoup plus les employés que la voix de son maître ! Et les postes de radio financés par la compagnie furent habilement trafiqués pour permettre de capter les jeunes radios libres. L'expérience continua cependant pendant de nombreuses années, cette fréquence étant devenue une radio de divertissement comme les autres.

Et ce ne fut pas la mort des dazibaos ! Toujours plus excitants, car écrits souvent avec talent, que les tristes et austères panneaux officiels qui annonçaient les nominations de nouveaux collaborateurs, les changements d'affectation, les promotions, les accords signés avec les partenaires sociaux ou les mesures nouvelles qui facilitaient la vie de chacun…

Le *journal interne* est un autre exercice de style qui a son utilité : du simple document distribué avec les fiches de paye, à la publication plus aboutie, à la newsletter, aux réseaux sociaux ou au site institutionnel, cette source d'information doit savoir se situer entre démagogie et propagande afin de conserver une certaine crédibilité. Elle ne doit être ni trop enthousiaste, ni trop pessimiste, ni trop naïve, ni trop sérieuse. Bien entendu, ce média peut être réalisé en interne par un collaborateur doué pour l'écriture, mais on peut aussi le confier à une agence externe qui lui donnera souvent plus l'allure d'un *vrai* journal.

Mais quelle que soit la formule retenue, il faut associer les salariés en créant un comité de rédaction interne : ce groupe de collaborateurs chargés de choisir les sujets, voire de participer à l'écriture, sera tout à la fois le relais du dirigeant, le moteur qui incitera tout le monde à cette lecture et le critique qui recueillera toutes les impressions afin d'en faire un outil toujours plus proche de ses lecteurs.

Toutefois, les outils écrits de la communication interne – circulaire, journal d'entreprise, newsletter ou site institutionnel – ne sont que des appuis pour le manager. Ils ne suffisent pas !

Car la véritable communication se fait au quotidien : c'est la communication orale, celle que nous pratiquons tous, de l'instant où nous arrivons dans l'entreprise jusqu'au moment où nous la quittons.

Le dirigeant est en représentation et doit donner l'image d'un homme heureux et sûr de lui, content de venir travailler au milieu de collaborateurs tout aussi sereins. Le sourire est donc une obligation, même si l'on a des soucis par ailleurs, et chaque rencontre doit être une occasion d'échanger, même seulement quelques mots professionnels ou au besoin personnels.

Ces échanges individuels permettent d'encourager, de s'informer, de conseiller, mais ils ne remplacent pas les contacts collectifs ; le dirigeant doit savoir conduire une réunion en se confrontant à un groupe de personnes dont chacun sait que le comportement sera différent puisque, par l'effet de groupe, il sera motivé en grande partie par la présence des autres.

On connaît son équipe, et l'on sait donc sur quels collaborateurs on peut s'appuyer pour faire passer les messages essentiels. Et par ailleurs, une réunion peut aussi être l'occasion de passes d'armes entre les participants. Il ne faut pas les redouter, partant du principe qu'une difficulté qui s'exprime est déjà à moitié résolue.

Cependant, qui dit débat ne dit pas foire d'empoigne. Le manager doit donc savoir exprimer son point de vue, trancher, et mettre fin rapidement à ces conflits. Toute équipe ne peut que respecter un chef qui a le souci de sa cohésion et qui fait tout pour que, à défaut de bons amis, les uns et les autres soient de bons collègues.

Exercice difficile donc, que la communication, exercice varié aussi et donc passionnant. Pour que chacun soit bien dans son emploi, l'entreprise doit créer la *fierté d'appartenance* par une bonne communication externe que relaient en interne des messages cohérents et clairs.

Nous avons évoqué là la communication créée par l'entreprise et voulue par elle comme un outil de management.

La création d'un site Internet est incontournable, tout comme la présence sur les réseaux sociaux. C'est le rôle du *webmaster* que de gérer cela, en y adjoignant les canaux des réseaux sociaux, Facebook, Twitter, YouTube, et autres Instagram…

Par ces canaux, il faut prendre en compte que la communication pourra être positive ou négative, et qu'il risque d'y avoir plus de messages subis que voulus. Et si elle n'est pas suscitée par l'entreprise, elle peut être la source de dommages importants à son image. En effet, n'importe qui peut aujourd'hui s'exprimer anonymement, sans filtre et sans risque sur n'importe quel sujet, n'importe quand et n'importe comment.

Et nous savons tous que, collaborateurs ou consommateurs, les plus prompts à faire entendre leurs voix ne sont pas les plus enthousiastes, mais plutôt les plus négatifs, les moins heureux, et ceux qui parlent le plus fort. Autrefois, il fallait prendre la peine d'écrire une lettre, de l'envoyer par la Poste, toutes démarches qui prennent du temps et demandent un effort.

Mais aujourd'hui, les réseaux sociaux sont d'un accès tellement facile, l'anonymat est tellement admis, et, disons-le, l'orthographe a tant perdu de son importance, que la parole circule librement et sans aucun contrôle.

Mais il faut aussi analyser succinctement les réseaux sociaux, et rechercher quelle utilité on peut y trouver ? Voyons les caractéristiques des uns et des autres : sur Tiktok, on peut cibler un public jeune avec des conseils et des tutoriels ; sur Snapchat (2011) et Instagram (2010), on partage des contenus visuels, où l'on peut glisser des conseils en lien avec la marque employeur ; Facebook (2004) permet de promouvoir les produits et services de l'entreprise ; Twitter (2006) peut être un outil de veille ; LinkedIn (2003) est le réseau dédié aux professionnels, il permet de se tenir informé de l'activité des entreprises, notamment concurrents, et de recruter des collaborateurs.

Quoi qu'il en soit, ces supports doivent être suivis et administrés : c'est le rôle des *community managers* chargés d'animer et de fédérer des communautés de manière interactive pour le compte de leur entreprise, et aussi de repérer d'éventuels propos inadéquats et incorrects, ou d'éventuelles alertes utiles pour préserver l'*e-reputation* de l'entreprise.

Un événement inattendu a mis en péril l'*e-reputation* d'une importante enseigne de la grande distribution : les gérants d'un supermarché ont cru astucieux de publier sur les réseaux sociaux leur photo, fusil en mains, prise en Afrique au milieu des trophées de chasse d'un safari : crocodile, lion, hippopotame… Un internaute ayant alerté la communauté sur ces pratiques, le groupement de supermarchés a immédiatement réagi : il a dans un premier temps dénoncé ces faits dans un communiqué indiquant que « ces publications sont en totale opposition avec les valeurs défendues par la coopérative… et avec ses engagements. Nous les condamnons fermement même si elles relèvent des activités privées des propriétaires du supermarché. Face à la réprobation suscitée par ces agissements au sein de la coopérative et l'émotion légitime du public, les dirigeants du magasin ont décidé de quitter immédiatement l'enseigne et leur magasin… » Cet exemple est parlant : devant la menace de boycott des magasins de l'enseigne et, plus encore, devant une situation qui allait abîmer considérablement son image, il s'agissait d'agir sans tarder pour sauver la réputation du groupement.

Il faut traiter ces problèmes sans faillir, et y apporter les réponses adaptées : prendre immédiatement les mesures correctives qui s'imposent, ou, s'il s'agit de propos diffamatoires, envoyer un message personnalisé à l'auteur de tels écrits à condition qu'il ait eu le courage et la décence de s'identifier.

La communication a donc plusieurs visages : outil de promotion et de management quand elle est voulue et décidée par l'entreprise, elle peut aussi revêtir la forme d'une alerte justifiée permettant de gérer très vite une situation de crise, ou une menace sournoise et malveillante quand elle est organisée pour nuire.

Son contrôle rigoureux et permanent est donc indispensable.

La compétence

Une compétence est un ensemble de comportements et d'attitudes qui permettent d'exercer sa mission avec efficacité.

Est-il si facile d'analyser ses propres compétences ? Certes non ! Tous les individus ont tendance à être très indulgents avec eux-mêmes. Car ils appuient leur auto-analyse sur des facteurs certes importants mais insuffisants. En effet, le quotient intellectuel et la formation ne suffisent pas à combler toutes les lacunes.

Car la compétence résulte de la combinaison de plusieurs facteurs :

- la personnalité, cet ensemble de caractéristiques personnelles qui influence les comportements : on peut citer ici l'énergie, la persévérance, le charisme, l'ambition…

- les aptitudes, ces capacités personnelles innées, ces prédispositions que la vie nourrit et enrichit : savoir s'exprimer avec élégance et conviction à l'écrit ou à l'oral, avoir des talents artistiques (dessin, musique… par exemple).

- les connaissances, ces savoirs, plus théoriques que pratiques, acquis par la formation.

- l'expérience enfin, qui permet donner vie aux trois facteurs précédents, de les sublimer pour que leur addition constitue le socle d'un parcours professionnel réussi.

La gestion des compétences des collaborateurs doit être un souci constant du dirigeant. Chaque poste de l'entreprise doit faire l'objet d'une analyse précise qui recense les missions et y associe les compétences nécessaires pour les exercer.

Cette analyse doit déboucher sur une cartographie des fonctions de l'entreprise, une hiérarchisation des fonctions-clés, et un plan d'action visant à mettre à niveau, en tant que de besoin, les collaborateurs, par des actions de formation par exemple. Lesquelles formations peuvent d'ailleurs être reconnues dans le cadre d'une *Validation des Acquis de l'Expérience.* (V.A.E.)

On rend ainsi service à tous, car rien n'est pire pour un collaborateur que de se sentir incompétent face aux missions qui lui sont confiées. Il ne l'avouera jamais, mais il est impossible pour lui d'être heureux, et donc efficace, dans son travail.

La confiance

Dans notre vie quotidienne, il est difficile d'avancer sans faire confiance ! À sa famille, à ses amis, à ses collaborateurs. Sans confiance, la vie est impossible. Mais encore faut-il beaucoup de lucidité pour choisir ceux à qui l'on accorde sa confiance.

C'est un sujet qu'il vaut mieux ne pas aborder avec un notaire ! Ces grands juristes ne gardent présents à l'esprit que des épisodes, familiaux ou professionnels, qui ont mal tourné car la confiance s'est effritée, ou avait été mal placée dans tel ou tel membre de la famille ou associé d'une entreprise. Si l'on écoute un notaire, on conduit sa vie dans un climat de défiance absolue, de peur de se voir grugé par un personnage indélicat. Leur prudence a d'ailleurs déteint sur les juristes d'entreprise : bien souvent, leur consultation, à l'aube d'un projet novateur par exemple, génère au mieux une révision prudentielle drastique du projet, au pire son abandon pur et simple.

Plus on fait confiance aux autres, plus on prend confiance en soi ! Que serait un patron sans collaborateurs ? Seul, l'humain n'est rien ! Ce n'est pas en s'enfermant dans sa compétence qu'il acquerra son statut de dirigeant respecté. C'est bien en cherchant la confiance dans le regard des autres, en leur montrant qu'il va leur transmettre ses compétences, que ceux-ci vont le reconnaître et l'admirer.

Il faut savoir faire confiance : à son entreprise, à ses proches collaborateurs, voire à tout son personnel. Faire confiance, c'est déléguer – à bon escient –, c'est savoir aider quelqu'un à qui l'on demande un travail nouveau, c'est accorder le droit à l'erreur, c'est bien entendu contrôler ceux à qui l'on a confié une tâche importante. Il faut aussi souvent accepter de former ses collaborateurs pour les faire grandir.

Bien sûr, la confiance n'exclut pas le contrôle.

Chacun a besoin de sentir qu'on lui fait confiance, mais chacun a aussi besoin de sentir qu'il ne peut pas faire n'importe quoi.

J'ai eu un collaborateur commercial qui faisait la tournée des cabinets d'assurance qui vendaient nos contrats. Il était donc amené à recueillir des chèques établis à l'ordre de la société, et qui généraient des commissions pour les intermédiaires.

Or je reçus un jour un coup de téléphone d'un courtier qui se plaignait de ne pas avoir reçu ses commissions. Et pour cause, je n'avais jamais reçu son chèque, qui avait été *lavé* par mon collaborateur pour qu'il puisse l'encaisser à son profit.

Le contrôle était difficile, et ce collaborateur avait rempli sa mission sans aucun problème depuis plusieurs années. Mais alors, pas de pitié ! Ma confiance trahie une fois, je licenciais sur le champ cet employé indélicat que la police vint cueillir sur son lieu de travail afin d'éviter qu'une fuite ne lui mette la puce à l'oreille. Les langues se délièrent et ses collègues me révélèrent que ce garçon jouait tous les week-ends dans un casino normand… Une addiction rédhibitoire…

Faire confiance aux autres implique d'avoir d'abord confiance en soi. Combien de managers manquent de confiance en eux ! Ce qui est terrible, car ils en deviennent peureux : ils craignent pour leur poste, ils craignent pour leur ego, et ils s'entourent donc de collaborateurs qui ne leur font pas peur ! Ce n'est pas ainsi que l'on progresse, ce n'est pas ainsi que l'on fait progresser les autres. On encourage plutôt le nivellement par le bas, élément extrêmement pervers qui peut conduire une entreprise ou un service dans le mur.

Être sûr de soi, mais pas trop pour rester capable d'écouter l'autre, être sûr de ses compétences implique de bien se connaître, d'être lucide sur ce que l'on sait faire, et surtout sur ce que l'on ne sait pas faire. Cela veut dire être capable de mettre en commun ses doutes, de déposer ses certitudes à la porte des salles de réunion. Cela ne diminue pas l'aura du patron !

J'ai eu, pendant ma carrière, de nombreuses propositions de jobs. Par principe, par curiosité, et dans un souci de m'évaluer par rapport au marché, j'ai toujours accepté de rencontrer les cabinets de recrutement ou les futurs employeurs potentiels.

Je considère en effet qu'il faut avoir de la disponibilité d'esprit pour ne pas s'ankyloser dans un poste. Mais j'ai toujours été très prudent et attentif au discours des recruteurs. En effet, il ne faut pas perdre de vue que leur mission est de *vendre* le poste dont on leur a confié la chasse. D'où une présentation parfois flatteuse, et du poste, et du candidat que vous êtes.

En réalité, je n'étais pas très audacieux, puisque gêné et intimidé à cause de mon diplôme atypique. J'ai changé souvent de métier dans ma première entreprise, j'y ai exercé des fonctions très variées, et c'est tout naturellement que j'ai accepté un poste de dirigeant chez un concurrent lorsque j'ai compris que je ne pourrais pas l'atteindre en restant là où j'étais.

Accepter ce process ne doit pas nous faire tomber dans je ne sais quelle fierté d'être reconnu et désiré. Il faut raison garder car une sollicitation n'est pas un recrutement, et le chemin est long d'une étape à l'autre ! Il faut en permanence mesurer ses capacités et se demander si elles nous permettraient de relever ce nouveau défi.

Personne n'est capable de tout faire ; savoir sortir de sa *zone de confort* est méritoire, mais pas à n'importe quel prix.

La confiance est importante car elle manifeste un état d'esprit positif, un pari sur un avenir meilleur pour soi et les autres, un optimisme sans lequel le monde n'avancerait plus.

La confiance est aussi la preuve d'un altruisme de bon aloi quand on manage une équipe. Soyons confiants !

La curiosité

La curiosité est un vilain défaut, dit l'adage. En matière professionnelle, c'est tout le contraire ! Il faut être curieux pour évoluer.

Les formations initiales dispensées dans les écoles ou les universités garantissent aux étudiants un bagage solide dans un domaine d'expertise.

Bien entendu, cette expertise livresque doit être ensuite confrontée au terrain.

Les premières années seront donc celles de la formation concrète.

Mais faut-il pour autant se limiter à son domaine de compétences ?

Je suis persuadé, pour ma part, que les meilleurs éléments sont ceux qui, dès leurs débuts, savent *mettre le nez à la fenêtre* pour découvrir l'environnement global de leur profession.

La préconisation des enseignants de classes préparatoires ou de sciences politiques, de lire un quotidien et un hebdomadaire pour parfaire sa culture générale, reste valable lorsque l'on commence à travailler.

C'est un moyen de rester en éveil, d'aiguiser son esprit, de *sortir de sa bulle,* bref de mieux comprendre l'actualité.

Lorsque je suis rentré dans le monde passionnant de l'assistance, je me suis rendu compte que les sociétés d'assistance passent des contrats avec des entreprises de très nombreux secteurs d'activité : les constructeurs pour l'assistance automobile, les opérateurs pour les contrats de service autour de la technologie, téléphonie par exemple, les tour-opérateurs pour les assurances voyages, les professionnels de tous les domaines de l'habitation, de la santé, de la dépendance… C'est passionnant !

Mais comment parler avec un constructeur de voitures sans connaître ses nouveaux modèles, ses grands projets ? Comment parler avec une mutuelle complémentaire santé sans connaître l'évolution des règles de solvabilité auxquelles ces organismes doivent se soumettre, ou les dernières fusions en cours ? Comment parler avec un tour opérateur si l'on ne s'intéresse pas aux destinations en vogue cette année ou aux nouvelles habitudes des consommateurs qui délaissent les points de vente et organisent eux-mêmes leurs voyages sur les sites et les comparateurs… ?

Ce n'est pas dans le secret feutré de son bureau que l'on apprend cela, c'est en lisant la presse, en se documentant, en ouvrant les yeux sur l'environnement de son secteur d'activité.

L'expertise, c'est la formation qui la fournit. Mais elle évoluera comme toute chose, et il faut donc rester à l'écoute et les yeux grands ouverts pour ne pas perdre l'actualité de son expertise. Et éventuellement être capable de mobilité.

Ici encore, il faut se remettre en question, et ne jamais considérer que notre acquis est figé et définitif.

La clé, c'est d'aiguiser en permanence sa curiosité !

L'art de déléguer

La délégation de pouvoir, tout le monde en parle dans les manuels de management, tous les dirigeants disent la pratiquer quotidiennement, mais qu'en est-il réellement ?

C'est une des qualités les plus difficiles à mettre en application. En effet, le dirigeant place souvent son autorité dans un exercice solitaire du pouvoir et ce n'est pas la bonne solution. Déléguer, c'est une nécessité, c'est le secret d'un management serein et confiant.

Certes, on peut avoir l'impression d'abandonner des parcelles de pouvoir, et pourtant bien déléguer c'est en réalité augmenter son pouvoir en s'organisant mieux.

Comment déléguer ? D'abord en s'entourant bien, en choisissant des collaborateurs de confiance sur qui on décidera de s'appuyer vraiment : c'est le premier cercle des collaborateurs, ceux dont on a besoin, ceux sans lesquels on ne pourrait réussir de la même façon. Ils doivent être motivés, encouragés, soutenus dans leurs efforts et récompensés dans leur carrière.

Pas question de les berner ou de les tromper, pas question de leur mentir ou de leur dissimuler l'information. Car une seule règle s'impose : la transparence. La vérité ne peut être dite à tous, mais pour ceux-là, elle est une règle absolue. C'est en connaissant bien la stratégie de l'entreprise que ces collaborateurs seront les mieux à même de la servir, chacun dans son domaine, administratif, commercial ou financier.

En somme, le dirigeant doit faire ses choix : il doit déterminer précisément qui sont ses hommes de confiance, qui sont ceux dont il ne voudrait pas se séparer, ceux qu'il chercherait à retenir s'ils lui annonçaient subitement leur départ. Chacun sait que, dans une équipe, on ne trouve pas nécessairement que des gens d'égale valeur : il y a ceux qui sont là pour des raisons *historiques* et que l'on n'aurait pas nommés, et ceux qui, déjà présents, ont décidé de jouer le jeu du dirigeant ; voilà pour les personnes en place, auxquelles viendront s'ajouter ceux que le manager nomme, car ils lui paraissent être des gens de valeur.

Et là, un défaut majeur apparaît classiquement : nommer des managers qui vous ressemblent, qui ont les mêmes compétences que vous : cela rassure, on se sent intelligent puisque d'autres nous ressemblent. Erreur ! Il faut rechercher ses compléments, pas ses doubles !

Il faut trouver des profils qui savent faire ce par quoi on se sent moins attiré, et non pas ceux qui ont les mêmes goûts que soi !

Combien de fois ai-je vu des managers de tempérament plutôt gestionnaire s'entourer de… gestionnaires, alors même qu'il leur fallait de bons commerciaux ! Comme s'ils craignaient de se voir dépassés par un nouveau profil différent. Mais personne ne sait tout faire, c'est normal !

Ce serait même dangereux de chercher à dominer tous les sujets. C'est inhumain ! Un seul mot d'ordre donc pour constituer une bonne équipe : la complémentarité !

Pas de problème de confiance pour de bonnes recrues ni pour les anciens qui s'adaptent aux nouvelles méthodes.

Il faut bien les choisir et s'appuyer sur eux pour leur confier des missions particulières. Leur acceptation spontanée est le signe de leur adhésion et la preuve d'un bon discernement, ils seront les *missi dominici* du dirigeant dans l'entreprise, ses indéfectibles défenseurs qui rempliront plus que leur mission. Ils mériteront donc d'être considérés et récompensés comme tels : si la confiance se mérite, elle se rémunère aussi et si elle n'est pas reconnue, elle se délite et s'éteint.

Et que de temps gagné pour le manager, que d'amélioration de la qualité de son travail, que de sérénité dans l'entreprise !

Bien sûr, pas de délégation sans contrôle : il ne s'agit pas de confier à ses collaborateurs des tâches que l'on ne veut plus assumer.

Nous avons tous connu de ces dirigeants dont le seul souci est d'avoir en permanence un bureau net de tout dossier, ceux dont l'obsession est de se débarrasser de tous les papiers après y avoir griffonné avec mépris le nom d'un subalterne : *Pour Monsieur X, suivre S.V.P.*

Exactement ce qu'il ne faut pas faire ; la délégation se résume ici à un transfert de tâches quasi automatique qui illustre la paresse de son auteur. Au contraire, le bon manager définit avec précision les domaines qu'il confie aux autres, il leur demande d'intervenir mais il se tient informé du résultat et du suivi de la démarche.

Déléguer n'est pas abandonner et oublier, mais c'est une démarche de confiance qui permet au dirigeant de gagner du temps tout en donnant à ses collaborateurs des occasions d'évoluer en exécutant des missions, classiques ou moins ordinaires, mais toujours sources d'enrichissement personnel.

Le diplôme

Il va de soi qu'avoir un diplôme est une porte plus ouverte pour l'avenir que de ne pas en avoir. Et quel diplôme ? Le choix est varié, mais il doit être évidemment *post bac.* Car aujourd'hui, le bac n'ouvre plus de porte. Avec plus de 90 % de reçus, cet examen est devenu un *droit de l'homme*, et ceux qui échouent au bac doivent être les moins nombreux possibles pour des raisons plus politiques et stratégiques que pédagogiques.

C'est donc après le bac que commence la recherche d'une voie qui doit mener à une profession. Elles sont nombreuses, ces voies, variées, et souvent efficaces.

Si l'on sait bien que certaines filières littéraires offrent des débouchés restreints, par exemple les concours de la recherche ou de l'enseignement, on sait aussi que, en revanche, d'autres cursus permettent à leur sortie de trouver un emploi dans un délai raisonnable.

En fonction de ses talents, de ses penchants naturels, par exemple pour la voie scientifique ou économique, il est assez facile de sélectionner une université ou une école qui va permettre de compléter ses acquis et de se professionnaliser. Le web donne aujourd'hui accès à tous les renseignements qui facilitent une prise de décision.

Mais à quoi sert un diplôme ?

- À se créer un réseau de camarades de la même filière, que l'on suivra tout au long de son parcours. Pour simplement se donner des nouvelles, ou pour s'entraider en cas de coup dur.

- À démarrer une carrière. Le parchemin, appuyé de quelques stages, donne une idée, au premier recruteur, de ce que l'on sait faire, en l'absence d'une véritable première expérience. Je recommande d'ailleurs fortement de faire tous les stages possibles, voire d'être en apprentissage pendant ses études supérieures, car ces expériences en entreprise facilitent considérablement l'insertion dans un premier poste. C'est-à-dire faire des choses un peu techniques, lire un bilan par exemple, réaliser un audit, analyser des comptes… À ce sujet, on remarque combien les cabinets conseils, souvent de finances, recrutent les jeunes diplômés à la sortie des écoles. Ces têtes bien faites sont immédiatement opérationnelles sur des missions techniques.

Mais ce n'est pas seulement la technique qui fait la réussite d'une carrière. Lors de mes enseignements dans plusieurs mastères 2 de droit des assurances suivis notamment par des étudiants en alternance, je m'amusais, lors de mon premier cours, à demander quel est le chiffre d'affaires d'Axa, le plus gros groupe d'assurances français. Les réponses étaient pour la plupart totalement fantaisistes. C'est une question que les étudiants, pourtant tous futurs assureurs, ne s'étaient jamais posée !

Je leur expliquais à chaque fois que le droit était une composante importante de leur carrière, une expertise essentielle, mais déjà bien acquise par leurs 5 années de faculté. En revanche, pour s'intégrer dans une équipe, pour être mobiles dans l'avenir, il était nécessaire d'ouvrir les yeux sur leur marché, de lire la presse professionnelle, bref de connaître l'univers dans lequel ils allaient évoluer. À leurs yeux écarquillés, je voyais que c'était un sujet auquel ils n'avaient jamais réfléchi !

Leur diplôme suffisait à les rassurer, leur expertise était sûre, ce qui annihilait toute autre réflexion.

Mais ce diplôme, il faut savoir l'oublier. Sésame indispensable pour bien démarrer, il est vite remplacé par l'expérience. C'est elle qui détermine notre savoir-faire. Chacun sait combien on se moque d'un collègue qui, passé la quarantaine, porte encore en bandoulière son diplôme acquis à 20 ans ! C'est notamment une spécialité de certains anciens élèves des 2 ou 3 plus grandes écoles françaises, ce qui a le don d'irriter leurs collègues.

Pour avoir recruté des centaines de collaborateurs pendant ma carrière, je sais que *la* question que je posais était toujours : *que savez-vous faire ?* Les réponses quelque peu improvisées démontraient que les candidats ne s'étaient pas posé la question en ces termes, et qu'ils cherchaient plutôt à réciter une leçon formatée souvent peu convaincante.

L'intelligence, l'agilité, la mobilité intellectuelle, le sens de l'écoute et des contacts humains, ce sont des qualités que l'on possède, et qu'une bonne formation peut perfectionner. Encore faut-il savoir les présenter, les valoriser.

Car ce sont elles qui permettent un jugement global sur un collaborateur, et cela va bien au-delà des éléments techniques appris pendant sa scolarité.

En conclusion donc, un diplôme est très utile, et doit être valorisé en début de carrière. Ensuite, *oublions-le*, et valorisons nos savoir-faire et nos expériences concrètes pour évoluer.

L'échec

L'échec est un diplôme ! Voilà une expression qui paraît bizarre en France. Et pour cause, car elle est révélatrice d'une appréciation de l'échec… par les Américains.

Là-bas, un échec est d'abord un phénomène classique, quasi inévitable pour qui se lance dans la vie active. D'autant plus que l'entrepreneur y est bien considéré, même s'il est jeune et même s'il se lance dans une activité inédite et novatrice. C'est un passage quasi obligé de tout parcours professionnel, une étape lors de laquelle on s'enrichit pour repartir plus fort vers de nouvelles aventures.

Les créateurs du site Airbnb, Brian Chesky et Joe Gebbia, ont eu une idée géniale en 2008 : louer des matelas pneumatiques installés dans des chambres à San Francisco afin d'y loger des visiteurs qui ne trouvaient pas de chambre pour passer quelques jours dans la ville.

Le matelas pneumatique n'étant pas susceptible d'attirer beaucoup de gens, ils décidèrent de proposer aussi le petit déjeuner. C'est ainsi que naquit l'appellation *Air* (pour le matelas), et *B&B*, (pour *Bed and Breakfast*). Les affaires commencèrent à marcher.

Lorsqu'ils eurent besoin de capitaux, ils allèrent trouver des investisseurs à qui ils racontèrent leur histoire.

Échec, car personne ne croyait à leur idée loufoque. Sans se décourager, ils se lancèrent sur une autre piste : créer des emballages pour du pop-corn, des boîtes de conserve au design original vendues 40 dollars pièce alors que le marché les proposait à 2,50 dollars. Ils en vendirent 1000.

Ils retournèrent voir des investisseurs, re-racontèrent leurs 2 expériences : la location de matelas et la création d'emballages chics. Même accueil incrédule pour les matelas, mais bingo pour les boîtes de conserve ! C'est cette idée qui convainquit les capital-risqueurs d'investir.

On sait aujourd'hui le succès planétaire de Airbnb, société qui a séduit 150 millions d'utilisateurs, présente dans 191 pays, dont le chiffre d'affaires avoisine les 3 milliards de dollars, et qui est valorisée à 31 milliards de dollars.

Cet exemple illustre une conception différente de l'échec : c'est l'échec qui nous fait grandir, et il faut le considérer comme une opportunité pour aller plus loin.

En France à l'inverse, l'échec est mal vu. Il est le signe d'une incapacité à mener à bien un projet, et c'est plutôt une marque au fer rouge que subit celui qui a échoué.

De même, dès l'école, le système français sanctionne l'échec plus que la réussite. Le redoublement en est un exemple : longtemps discuté, contesté, il est aujourd'hui remis en question, mais c'est plus pour des raisons économiques que pédagogiques, une année scolaire coûtant 13 000 euros à la collectivité !

Mon parcours professionnel a commencé par un échec. J'ai en effet échoué dans la voie royale à laquelle me destinaient mes parents, l'enseignement. Tous les deux professeurs, de lettres pour ma mère et de philosophie pour mon père, mes parents ne connaissaient pas d'autre métier, et avaient à cœur de tracer à leurs enfants des trajectoires sûres.

Comment le leur reprocher ? C'est ainsi que, peu doué pour les matières scientifiques, je me suis retrouvé naturellement dans la voie littéraire, et plus précisément celle des langues anciennes.

Études primaires et secondaires sans anicroche, bac philo avec mention assez bien, une année d'*hypokhâgne* peu brillante à

Strasbourg, puis fac de lettres dans la filière *lettres classiques*. Pas de véritable goût pour les langues anciennes, je me sentais plus attiré par les langues vivantes, mais la destinée, et mes notes à vrai dire, m'amenèrent à étudier le latin et le grec.

Matières exigeantes, disciplines difficiles, notamment les exercices de *thèmes,* proches de la rigueur des exercices de mathématiques.

Licence, maîtrise avec mention *bien* tout en travaillant comme surveillant d'internat dans plusieurs collèges alsaciens.

Mon premier poste fut le plus original ; j'étais affecté au *Collège d'Enseignement Technique de la Navigation Rhénane.* Situé bien sûr au milieu des entrepôts et des docks du Port de Strasbourg, autant dire au milieu de nulle part, cet établissement accueillait des élèves de milieux modestes venus de divers collèges d'Alsace, soit fils de bateliers, soit élèves considérés plutôt comme *durs.* En distribuant le courrier aux élèves, je surpris un jour une enveloppe libellée *Collège d'enseignement technique de la navigation rénale...*

Étant doué d'un physique plutôt *gringalet,* j'avoue que j'appréhendais de me retrouver toutes les nuits face à des élèves plutôt costauds qu'il faudrait canaliser... Le surveillant général était un solide gaillard d'origine corse qui m'impressionna ensuite car il déchirait un jeu de 32 cartes entre ses mains.

Le premier jour, ce surveillant général, que je connaissais à peine, décida de passer en revue les élèves pour me présenter. Une rumeur parcourut la file indienne sagement rangée le long du couloir : *il paraît qu'il est ceinture noire...*

Et le surveillant général de répondre du tac au tac : *Oui, et 5e dan...*

Ma réputation était faite, je commençais ce nouveau métier sous les meilleurs auspices.

Je dois d'ailleurs à la vérité de dire que les élèves les plus costauds se révélèrent les plus pacifiques. Ce fut une leçon pour moi que de ne pas juger hâtivement les gens sur leur mine. Et fort de cette première expérience, mes années de surveillant dans d'autres collèges alsaciens se déroulèrent très bien.

Aujourd'hui, travailler pendant ses études est considéré par l'idéologie dominante comme injuste et source de précarité… À l'époque, ce furent des expériences formidables malgré les nuits passées à faire régner le calme dans les dortoirs et les week-ends sacrifiés pour encadrer tous les élèves qui ne rentraient chez eux qu'aux vacances de Noël et de Pâques.

À vrai dire de véritables tests de capacités managériales dont je tirais des enseignements précieux par la suite.

Ma première expérience de management avait été le scoutisme, avec son processus d'ascension hiérarchique intelligent, car basé sur les capacités de chacun à encadrer une équipe. Et la découverte de la vie en pleine nature lors des sorties de week-end ou lors des camps d'été.

Ensuite, lorsque survinrent les événements de mai 68, je venais de créer un groupe de rock'n'roll pour lequel je m'étais fixé l'objectif de donner un concert par mois afin de progresser et de stimuler mes musiciens. Pas faciles à manager, des artistes ! Caractères difficiles, instabilité chronique mettant en péril souvent notre programme de concerts… Nous étions en permanence sur le fil… Mais quel bonheur d'être sur scène !

Puis les concours : CAPES et agrégation de lettres classiques, sésames indispensables pour obtenir un poste de titulaire avec l'espoir de faire une carrière acceptable. Sinon, on était condamné à végéter comme *maître auxiliaire* traité avec désinvolture par l'administration et ballotté de poste en poste, sauf à être pistonné car syndiqué…

Et là, malgré plusieurs tentatives, échecs répétés à l'oral. À la 4e tentative, inquiet de cette succession malencontreuse, je décidais d'en savoir plus. J'écrivis au président du jury en lui demandant un entretien. Ne s'occupant pas du *menu fretin*, celui-ci m'orienta vers le vice-président, un inspecteur général qui habitait dans un immeuble de la ville de Paris près de la porte d'Orléans.

La démarche était audacieuse pour un petit provincial de Strasbourg : venir à Paris en train (pas de TGV à l'époque, plus de 4 heures de trajet par le *rapide* contre moins de 2 heures aujourd'hui), et affronter une huile de l'Éducation Nationale chez elle, qui n'aurait sans doute pas regardé mon dossier.

Je ne fus pas déçu. L'homme au physique grand et impressionnant, à l'œil d'un bleu acier, me reçut dans son salon. Je lui expliquai rapidement l'objet de ma visite.

« Combien de fois avez-vous tenté le concours ? » « 4 fois, 4 années de suite, monsieur le vice-président ». « Ah bon ! Mais vous savez que certains candidats échouent 8 fois ! »…

Étonné de ce raisonnement, je pris congé, et, en descendant l'escalier de ce bel immeuble en briques rouges, ma décision était prise : je ne tenterais plus jamais ces concours.

Facile à dire mais que faire ? La formation littéraire n'était pas des plus ouvertes, et les voies parallèles pas évidentes…

Je passais d'abord sans conviction et sans succès quelques concours pour des postes administratifs de l'Éducation Nationale, puis je décidais de faire *sciences po*. Plus précisément les concours de *l'Institut de Préparation à l'Administration Générale.*

Je découvrais un enseignement totalement nouveau, pas inintéressant, avec des matières vivantes comme la culture générale ou le résumé de texte, qui m'amusaient.

Je suivis consciencieusement une année d'enseignement dans le merveilleux Palais Universitaire de Strasbourg, j'obtenais des résultats plus qu'honorables, mais je comprenais aussi que ma vocation n'était pas de gérer des administrations régionales ; tout cela ne me parlait pas beaucoup.

C'est au cours de cette année universitaire que je rencontrais, lors d'une soirée amicale, une agente d'assurance du premier groupe français de l'époque qui m'expliqua longuement que son inspecteur recherchait des vendeurs d'assurance-vie et de placements financiers destinés à constituer des compléments de retraite.

Intéressé par une activité commerciale dont j'ignorais tout – « tout le monde a déjà un complément de retraite », expliquai-je doctement à l'inspecteur lors de mon premier entretien –, intéressé aussi par la structure en binôme de ce réseau de salariés redoutablement efficace payés exclusivement à la commission, je décidais de tenter ma chance. Il fallait vendre bien sûr, mais aussi faire de la pédagogie et démontrer à des agents plus ou moins motivés et plus ou moins actifs, comment rechercher des clients, quelles méthodes et quels arguments utiliser pour convaincre. Je raconte par ailleurs comment j'ai abordé ce métier nouveau, et comment, contre toute attente, j'y ai réussi.

Pour cela, j'avais mis dans ma poche tout orgueil, toute prétention à un poste élevé ! Je n'ai pas commencé ma carrière avec un statut de cadre, malgré mon Bac +5 ! J'avais le sentiment diffus qu'aucun employeur ne ferait confiance à un diplômé de latin, qui plus est ayant fait ses études littéraires au moment des événements de mai 68 ! Ce sont les étudiants en lettres, à l'avenir beaucoup plus incertain que les scientifiques, qui constituaient en effet le gros des troupes *révolutionnaires.*

C'est donc très délibérément que j'avais décidé de faire mes preuves en commençant par la base dans un métier pour lequel je n'avais aucune légitimité.

Et merci à cet inspecteur autodidacte et talentueux – il est devenu ensuite le patron de tout ce réseau commercial – qui a su faire confiance à l'OVNI (*Objet Vendant Non Identifié*) que j'étais alors, et qui a su ensuite me faire progresser et atteindre des postes à responsabilité.

C'est donc bien mes échecs initiaux qui m'ont permis de façonner ma réussite future. Telle une formation informelle, ils m'ont amené à me poser de bonnes questions et à construire une vie professionnelle complètement imprévue mais sans anicroche et jalonnée de succès.

Je n'ai jamais regretté d'avoir ainsi « bifurqué » et pris une voie de traverse.

D'ailleurs, mes 3 enfants ont fait une école de commerce, la voie que j'aurais dû suivre *normalement* pour faire cette carrière, ce qui prouve que l'image que je véhiculais chez moi était plutôt positive.

L'exemple

Un bon manager doit être un exemple pour ses collaborateurs. Le terme *exemple* « se dit d'une personne ou d'une action digne d'être imitée. » (Larousse). Tous les comportements du dirigeant doivent être exemplaires !

Surtout à l'époque des réseaux sociaux, ces amplificateurs de sons, ces caméras qui scrutent à chaque instant nos faits et gestes.

Je ne peux m'empêcher de penser à cette nouvelle réalité lorsque j'observe la vie politique. En effet, j'ai vraiment l'impression que nos politiques oublient que nous vivons à l'époque décrite pas George Orwell dans son roman *1984.* Certes, Il évoque la division du monde en 3 blocs qui sont en guerre, chacun dirigé par une idéologie totalitaire. Nous n'en sommes pas loin.

Et Orwell décrit le redoutable *télécran,* cette sorte d'écran installé dans chaque foyer qui diffuse en permanence la propagande des gouvernements.

Les *objets connectés,* qui seront 75 milliards dans le monde en 2025, sont des écrans qui nous observent 24 heures sur 24 et, mieux encore, à qui nous confions volontairement, et naïvement souvent, toute notre vie !

Fini le temps où seuls les *paparazzis* vous guettaient pour prendre un cliché clandestin et le revendre chèrement à un magazine *people*.

Aujourd'hui, personne n'est plus à l'abri d'être *espionné*, observé, entendu. Nos attitudes, nos propos peuvent à tout instant être enregistrés, filmés, et diffusés sur les réseaux sociaux.

Un candidat aux élections municipales à Paris en a fait l'amère expérience : croyant être en compagnie d'amis, il s'est brutalement *lâché,* critiquant tous ses concurrents en des termes peu flatteurs, d'ailleurs indignes d'un homme politique appelé à de hautes fonctions. Ses propos ont été aussitôt retransmis sur les réseaux sociaux et toute la presse les a repris dès le lendemain. Les conséquences de cette maladresse furent multiples : son image a été considérablement abîmée, et l'un de ses rivaux qui aurait dû se ranger derrière sa bannière a décidé de se présenter contre lui ; inspirant une forme de compassion, il obtint un score très encourageant dans les sondages d'opinion. Quelle mauvaise manœuvre ! Quel mauvais exemple !

L'exemplarité est un concept qui ne concerne pas que le temps professionnel. C'est dans toute sa vie que l'on doit se préoccuper d'être un exemple : pour ses amis, pour sa famille, et bien sûr pour ses collaborateurs.

Adopter un comportement responsable en entreprise, c'est respecter un certain nombre de valeurs : être sûr de ses compétences sans pour autant être trop sûr de soi, dire ce que l'on fait et faire ce que l'on dit, respecter les autres et respecter ses engagements, être bienveillant et rigoureux, faire confiance sans abandonner son autorité sont autant de comportements qui créent et entretiennent un climat de sérénité, qui nourrissent l'image du dirigeant et perpétuent son prestige.

Et pourquoi ne pas retenir la formule de Surena, dans la tragédie éponyme de Corneille (1675) :

« J'ai vécu pour ma gloire autant qu'il fallait vivre,
Et laisse un grand exemple à qui pourra me suivre. »

L'exigence

Le terme n'est pas à la mode. Et pourtant il est plus que jamais nécessaire d'être exigeant. On le voit dans la vie professionnelle, dans la vie politique, dans la vie privée, bref l'exigence est indispensable.

C'est une valeur du monde d'aujourd'hui, encouragée aussi par les nouvelles réglementations, issues de la crise économique du milieu des années 2000 qui a mis en lumière une absence de rigueur et d'exigence du pouvoir financier.

Et elle est reconnue par tous, y compris ceux dont on l'attend et qui auraient tendance à ne pas l'encourager.

L'exigence existe par l'exemple, et l'exemple vient d'en haut : dans l'entreprise, c'est au patron de démontrer cette nécessité ; dans la vie politique, c'est aux élus ; et dans la famille, c'est aux parents.

D'une manière générale, il faut d'abord être exigeant avec soi-même : être méthodique dans le respect des horaires de travail ; être méthodique dans sa façon de travailler pour gagner en efficacité et en efficience ; s'astreindre à terminer les chantiers commencés, à ne pas se décourager dès les premières difficultés ; avoir envie de progresser, d'avancer, de gagner en professionnalisme. C'est ainsi que l'on emmène une équipe, qu'on lui donne envie d'aller de l'avant et de se battre pour gagner.

Envers les collaborateurs, être exigeant, c'est demander beaucoup : fixer des objectifs ambitieux mais atteignables, placer la barre haut pour leur faire comprendre que l'on a confiance en eux. C'est une bonne manière de les pousser à se dépasser encore plus.

Contrairement à ce qu'elle peut laisser penser, l'exigence n'est pas un frein, elle est un moteur indispensable pour motiver, pour entraîner, pour gagner.

L'expérience

En sortant de la petite enfance, la première séquence de notre vie sociale est l'apprentissage. De bonnes études, si possible, sont le gage de la construction d'un avenir meilleur. Quoi que l'on en dise, l'école française, de la maternelle à l'université ou aux grandes écoles, permet à chacun de préparer son avenir dans de très bonnes conditions à condition évidemment de… vouloir apprendre. Un bon élève a toutes les chances de poursuivre de bonnes études, d'obtenir un bon diplôme, et de rentrer dans la vie active sous les meilleurs auspices.

Choisir une voie quand on a à peine plus de 20 ans n'est pas chose facile. Malgré l'aide qu'apportent quelques stages, heureusement de plus en plus systématiques, un étudiant a peu d'idées de ce qu'est le travail au quotidien.

J'ai toujours eu beaucoup de mal à répondre à la question de mes enfants : « papa, qu'est-ce que tu fais à ton travail ? » C'est quasi impossible à définir, tant la journée d'un patron est chargée de tâches variées. C'est dire toute la difficulté des parents à orienter leurs enfants quand ceux-ci ne manifestent pas spontanément une vocation.

Il faut aussi savoir mettre fin aux études. Certains jeunes gens cherchent à accumuler les diplômes. Or ce n'est pas toujours utile lorsque le cursus additionnel n'apporte pas vraiment de qualification complémentaire à l'étudiant. Il est plutôt le reflet de la peur de rentrer dans le monde du travail, de rester un éternel étudiant avec la vie agréable à laquelle on s'est habitué. Autant les premiers cycles de l'enseignement sont là pour construire une culture générale à chacun, autant il faut, après le bac, adopter une stratégie *utilitaire :* les études supérieures doivent mener à un métier, à un travail. À chacun de garder bien en tête ce paramètre.

Une fois la voie choisie, il faut avoir conscience d'une chose importante : le diplôme, essentiel je l'ai dit, est seulement la clé qui ouvre la porte d'un métier ou d'une entreprise. Sitôt entré dans la vie professionnelle, on doit se construire un nouveau capital : une expérience.

Cela signifie que l'on doit être disposé à apprendre tous les jours, à enrichir ses connaissances, à avoir envie de progresser. Accrocher son titre ou sa fonction à son seul diplôme est à la fois prétentieux et ridicule.

D'autant plus que la réussite scolaire n'est pas forcément le gage d'une grande carrière. Est-on excellent tout au long de sa vie sous prétexte que l'on a été bon élève jusqu'à ses 20 ans ? Peut-être mais pas forcément.

L'intelligence professionnelle, c'est de savoir d'abord choisir un métier ou un domaine d'activité qui ne nous rebute pas, pour aller à son travail le cœur léger chaque matin. C'est ensuite de naviguer avec succès dans différents postes, dans différentes entreprises, ce peut être aussi de créer sa propre entreprise, en essayant chaque fois de s'abreuver de connaissances nouvelles.

On enrichit sa carte de visite, on apprend par exemple à résoudre des situations humaines complexes, et c'est ainsi que le marché ou la hiérarchie vous remarquent et vous confient des responsabilités accrues.

C'est ainsi que l'on peut se découvrir des talents d'entrepreneur qui nous amènent à créer notre propre affaire.

C'est une aventure différente. En effet, le salariat est en vérité un style de vie, la plupart du temps, très confortable : on est entouré de collègues, on nouera forcément des liens plus forts avec certains d'entre eux, et on n'est jamais seul !

L'entrepreneuriat implique de savoir le plus souvent commencer *seul*, seul dans un bureau, seul à faire des pauses, seul à réfléchir pour concevoir ses offres de produits ou services. L'effet *miroir* n'est pas possible au début, puisque l'on n'a personne à qui soumettre nos idées.

Bref, se lancer nécessite d'avoir accumulé une certaine expérience qui permet d'affronter ces conditions particulières.

Autre possibilité : se lancer en association avec un collègue. C'est plus confortable à condition de bien connaître ledit collègue, ses idées, sa façon de vivre, sa puissance de travail, qui sont autant d'éléments gages d'une collaboration efficace et pérenne.

Et toujours cette règle d'or : choisir son complément et non pas son double ! Celui qui saura faire ce que je ne sais pas faire, et non pas celui qui est aussi doué que moi dans la même spécialité que moi. Les doublons sont inutiles, inefficaces et inefficients, juste bons à faire perdre du temps et de l'argent.

Au fil du temps, avec le succès, les obligations deviennent plus nombreuses et plus contraignantes. Il faut gérer du personnel, et passer du temps à des sujets que l'on n'apprécie pas forcément. Mais c'est ainsi ! les réglementations ne cessent de se complexifier, et les contrôles de vérifier que l'entrepreneur s'y conforme !

Impossible d'y échapper, mais une entreprise qui grandit, c'est le signe du succès, ce à quoi le débutant aspire toujours !

Devenir entrepreneur est passionnant et enrichissant ! C'est une expérience que j'ai tentée à la fin de ma carrière, et il y a des jours où je regrette de ne pas l'avoir tentée plus tôt.

La formation

« Quelle est votre formation ? » La question nous est posée à tous pendant toute notre carrière. Car la formation est le premier élément d'appréciation d'un collaborateur. Dès sa sortie des études, le premier employeur ne va avoir, comme paramètre d'appréciation, que le niveau d'études et la spécialité choisie.

Une formation peut être adaptée au métier que l'on embrasse, ou au contraire être inadaptée.

Une formation initiale adaptée est un atout, mais elle ne suffit jamais. En effet, le *terrain* réserve des surprises que l'on n'envisage pas sur les bancs de l'école. C'est toutefois un accélérateur bien commode à ne pas négliger.

Pour ma part, mes études secondaires associées à une tradition familiale me poussaient à embrasser une carrière dans l'enseignement des langues anciennes. Quelques échecs cuisants aux concours de professeur m'ont poussé à changer de voie. J'ai décidé de rebondir, de transformer ces échecs en opportunités, et je suis entré par le plus grand des hasards dans le secteur des assurances, domaine que je ne connaissais absolument pas, et métier – le commercial –, dont je n'avais jamais entendu parler.

Ma formation initiale était totalement inadaptée à mes fonctions. J'ai donc suivi une formation *maison*, et la chance, associée à de l'énergie et à la volonté de prendre ma revanche et de me prouver à moi-même que je pouvais réussir, m'a permis de franchir cette première étape, et ensuite de connaître une carrière ascendante et sans accroc.

Car la formation ne s'arrête pas au sortir de l'école. La législation et les entreprises permettent en France de se former tout au long de la vie. J'ai évidemment profité de ces possibilités en assistant à de nombreux stages, et en devenant moi-même formateur.

Cette inadéquation entre ma formation et les métiers que j'ai exercés m'a donné un état d'esprit d'humilité et de volonté : je n'ai jamais accepté de poste dont je ne me sentais pas capable, et j'ai toujours observé et écouté tous ceux qui en savaient plus que moi, que ce soit par leur formation ou par leur expérience.

Un bon manager doit chercher à faire grandir ses équipes. Cela passe par de la formation permanente, par la recherche de stages adaptés, des stages courts qui complètent les acquis, ou bien sûr par des formations plus longues, M.B.A. par exemple, pour les plus doués. Même si on ne perçoit pas immédiatement les bienfaits d'une formation, il en restera toujours quelque chose qui profitera aussi bien au collaborateur qu'à son employeur. La formation favorise la mobilité, et c'est un signe de reconnaissance qui valorise beaucoup les équipes.

J'ajoute qu'enseigner est également très intéressant. « Enseigner, c'est apprendre deux fois », dit le moraliste Joseph Joubert dans le chapitre 19 de ses *Pensées*. J'ai enseigné avec bonheur dans plusieurs mastères de droit des assurances, ce qui m'a permis et de *prendre l'air*, et de rester en contact avec la jeunesse, et donc les collaborateurs de demain. J'y ai aussi trouvé une mine de recrutement de salariés bien formés, à qui il ne manquait plus que l'acquisition de la *vraie vie* de l'entreprise.

On ne gagne pas d'argent à enseigner, mais ce que l'on apprend des jeunes gens vaut de l'or !

L'honnêteté

En cette époque troublée où les réglementations deviennent de plus en plus exigeantes, où les contrôles deviennent de plus en plus tatillons, l'honnêteté devient une valeur essentielle. Le manager se doit d'être honnête, c'est la marque de son exemplarité.

Être honnête dans sa vie d'abord, c'est adopter des valeurs qui fondent un choix de vie : par exemple faire en sorte que sa vie respecte un subtil équilibre entre vie privée et vie professionnelle.

C'est ainsi que, persuadé que bien élever mes enfants était un investissement essentiel pour mon avenir, tant personnel que professionnel, j'avais décidé que je devais prendre mon petit déjeuner et dîner avec mes enfants. Ce qui, bien sûr, ne m'a jamais, pour autant, amené à refuser de me déplacer dans l'intérêt de mes missions.

Mais lorsque je n'étais pas en déplacement, je me suis toujours arrangé pour partager avec eux ces moments privilégiés. Ils ont suivi une scolarité normale et travaillent tous dans des métiers qui leur apportent beaucoup de satisfactions. Et ils se souviennent encore aujourd'hui de la richesse de nos échanges !

Ce principe m'a permis d'acquérir un équilibre personnel et de bien gérer ma carrière sans avoir l'impression de sacrifier ma famille à mon métier.

Dans l'entreprise, l'honnêteté se remarque au quotidien. Le manager honnête prend du recul et n'a pas d'a priori. Il gère ses équipes de façon simple et saine, sans arrière-pensée, sans affect inutile ou préférence pour tel ou tel. Il s'exprime nettement et simplement en s'adaptant toujours à son public.

Être honnête, c'est parler vrai, être honnête, c'est oser formuler clairement ses messages positifs ou négatifs sans propos alambiqués, sans périphrases inutiles.

Être honnête, c'est avoir le courage de dire ce que l'on pense, c'est ne pas chercher systématiquement à être aimé. C'est être capable de dire non à une demande qui nous semble incohérente ou hors de propos.

Je me souviens notamment d'avoir un jour refusé une demande d'augmentation inconsidérée pour une collaboratrice certes méritante mais que je considérais déjà comme bien rémunérée. En effet, cadre supérieure à temps partiel choisi, elle avait le plus gros salaire de l'entreprise rapporté à un temps complet.

Et forte de ses compétences réelles et de son bon travail, elle souhaitait être augmentée. Autant dire qu'il était difficile de refuser ! Le bras de fer dura plusieurs semaines, car elle était très exigeante, revenait à la charge souvent, affinant ses arguments et exerçant une certaine forme de chantage.

Je lui accordai une augmentation bien plus légère que ses exigences, mais je ne la perdis point, car elle était attachée à son entreprise, à son confort de travail (elle habitait à 10 minutes), à la liberté que je lui laissais, bref à une somme d'arguments immatériels mais bien compris.

Les collaborateurs remarquent et admirent le style de leur entreprise, qui est en général le style de son dirigeant. C'est cette exemplarité, c'est ce courage qui fonde le respect du patron.

Nous avons tous besoin d'admirer un homme ou une femme, vedette de cinéma, personnalité politique, grand patron. Savons-nous toujours pourquoi ? Souvent parce qu'ils nous impressionnent par leur simplicité, par leur franchise, toutes caractéristiques qui nous donnent l'impression qu'ils sont un homme ou une femme honnête.

Ce sont ces personnalités qui sont à même de donner du souffle, d'emmener une équipe, de l'impliquer et de faire de ses membres des acteurs motivés de la stratégie de l'entreprise.

L'humour

Avoir de l'humour est un don précieux qui n'est pas partagé par tous. D'où provient-il ? D'une culture familiale ? D'un apprentissage par des camarades drôles ? De sa nature tout simplement ?

Difficile de le savoir. Ce qui est sûr, c'est que l'humour bien utilisé est un précieux allié du manager. Pourquoi ?

D'abord parce que l'humour démontre une capacité à prendre du recul par rapport aux événements. En réunion, une plaisanterie de bon goût, un jeu de mots placés au bon moment sont des outils qui désamorcent les tensions lorsque la température a tendance à monter sur un sujet sensible. Ils montrent que le dirigeant reste serein et relativise les situations.

À condition de ne pas blesser. En effet, il est beaucoup trop facile pour un dirigeant de se moquer d'un collaborateur publiquement, de le tourner en ridicule devant ses collègues. Cela flatte un instant l'ego du manager, mais cela peut abîmer durablement son image. Car le sens de l'humour est loin d'être universel ! Il suffit de tester autour de soi l'effet d'un bon mot pour se rendre compte que sa subtilité n'est pas perçue par son interlocuteur, fût-il très astucieux.

Ce qui veut dire que l'humour mal ajusté peut coûter très cher dans une carrière ! Mal interprété, il fait passer son auteur pour un personnage dur, incapable d'empathie mais adepte de l'ironie blessante.

L'humour ne peut donc pas se pratiquer en toutes circonstances : on ne peut pas rire de tout !

Il faut savoir choisir le moment propice à un mot d'esprit. Dans un atelier sur un sujet sérieux, l'humour est permis à condition de ne pas perturber la réflexion par une *blague* mal placée. En particulier, il ne faut jamais interrompre une démonstration soigneusement préparée par une équipe de collègues en voulant placer un bon mot. Il sera mal reçu, voire mal vu, et découragera les bonnes volontés en donnant l'impression qu'il exprime une dérision, un mépris pour le travail effectué.

Pour faire de l'humour et lui donner une vraie valeur ajoutée, il faut donc se garder de trop de spontanéité. Choisir ses mots, choisir le moment approprié, se garder de tourner en ridicule un travail qui, quel que soit son résultat, est la marque d'un effort sérieux, telles sont les conditions pour contrôler son humour et lui garantir par conséquent un succès d'estime qui valorise son auteur au lieu de le desservir.

L'image

Nous vivons dans une société de l'image. Le besoin d'information, naturel ou créé et amplifié par la puissance des médias, a généré le besoin de créer des images. Tout, autour de nous, est devenu image, réelle ou virtuelle : image de l'organisation que l'on dirige d'abord, image personnelle ensuite. C'est ainsi que l'on est passé de l'époque de la *réclame,* devenue la *publicité,* à l'époque de la *communication*.

Je passe volontairement sur le terme *propagande*, qui a été préempté par des organisations politiques fascistes de droite, le parti nazi, ou de gauche, les dictatures communistes, qui se sont livrées à des crimes abominables et impardonnables.

C'est dans les années 80 qu'est né le concept de *communication.* Les entreprises ont ressenti la nécessité de mieux faire connaître leur activité, tant à leurs salariés qu'à leurs actionnaires et à leurs clients.

En d'autres termes, elles ont estimé qu'à leur *savoir-faire*, il fallait ajouter le *faire savoir*.

Sont nées alors les *directions de la communication*, bientôt divisées en départements de *communication interne* et de *communication externe*. Les directeurs de la communication sont devenus des hommes très puissants, véritables gourous pour les grands dirigeants.

Parmi tous ceux, nombreux, que j'ai rencontrés, je me rappelle que l'un des plus brillants de sa génération m'avait confié l'un de ses secrets : « Tu arrives dans une boîte et tu expliques au patron qu'il doit se faire connaître du grand public pour incarner son entreprise. Tu le fais passer à la télé une fois et tu as tout gagné ! ».

Et en effet, quel est l'homme de pouvoir, chef d'entreprise ou homme politique, qui ne se préoccupe pas de son image ?

Image pour les clients, image pour les investisseurs, surtout quand l'entreprise est cotée en bourse, image enfin pour les salariés, qui sont dans leur vie personnelle les ambassadeurs de leur entreprise et dont le discours peut être mortifère s'il est négatif.

En France, ces dernières décennies ont vu s'affirmer des chefs d'entreprise charismatiques : Henri Lachmann chez Schneider, Claude Bébéar, le fondateur d'Axa, et à sa suite Henri de Castries, Michel Bon chez Carrefour, Michel Edouard Leclerc pour les Centres Leclerc, Stéphane Richard chez Orange, sont des managers qui ont su incarner leur société et véhiculer une image positive pour le grand public et pour leurs équipes.

Se créer une image est donc devenu une nécessité à tous les niveaux de management. L'image conditionne notre position, voire même parfois notre carrière.

J'ai commencé ma carrière en tant que vendeur d'assurance-vie et capitalisation dans le réseau salarié d'un grand groupe d'assurance. Pas de salaire fixe, pas de voiture de fonction, pas de téléphone portable, pas de frais remboursés, la rémunération pouvait être importante mais le système était impitoyable.

Ce réseau, très performant, fonctionnait selon le principe des binômes : chaque agent salarié, qui gérait un portefeuille de clients *toutes branches*, c'est-à-dire aussi bien assurés pour leurs biens, auto et habitation, que pour leur assurance-vie, recevait un jour par semaine la visite d'un spécialiste chargé de réaliser avec lui des affaires nécessitant une technicité particulière.

Le jour de mon arrivée dans l'inspection qui m'avait recruté, j'avais rendez-vous avec une agente expérimentée qui me teste à sa façon en me présentant un client, jeune comptable dont les revenus lui permettaient d'augmenter le capital de son contrat d'assurance-vie. Je déroule mon argumentation, et je réalise l'augmentation prévue.

Puis arrive son jeune frère qui venait de commencer à travailler et n'avait encore souscrit aucun contrat. J'argumente notamment sur la garantie *invalidité* des contrats (la seule qui pouvait concerner un célibataire), et il signe ma proposition. Deux contrats, une bonne première journée donc, puisqu'en moyenne réaliser une affaire par jour était déjà une performance honorable. L'agente était contente, moi aussi.

Quelques jours plus tard, j'apprends par un autre agent que les jeunes gens à qui j'avais vendu des contrats étaient particulièrement retors, et que plusieurs collègues s'étaient déjà cassé les dents chez eux !

Mon succès avait fait le tour de l'inspection, et a conditionné mon début de carrière dans un métier où la réussite était obligatoire et l'échec immédiatement sanctionné. C'est bien l'image positive véhiculée par ce premier succès qui m'a permis de démarrer sous de bons auspices.

Sur quoi repose une image ? Sur un comportement au quotidien, sur des choses simples : sourire en arrivant au travail, serrer la main de tous, on ne sait pas à quel point cela fait plaisir ! Écoutez, pour vous en convaincre, ce que l'on dit des managers qui ne le font pas : la première critique qui leur est adressée, c'est : « il ne salue personne, c'est comme s'il ne nous connaissait pas ! » Le sourire est la manifestation du plaisir de travailler, mais aussi de l'ouverture aux autres et de notre respect envers eux.

Bien sûr, ce sourire doit être sincère. La seule image qui vaille est l'image naturelle, celle que l'on ne construit pas de manière artificielle mais celle qui est la représentation de ce que l'on est.

Savoir écouter est aussi indispensable. En réunion, le premier principe à instaurer est l'écoute mutuelle : on laisse finir chaque intervention, on ne coupe pas la parole à l'autre afin de laisser s'exprimer toutes les idées, afin que chacun sorte de là en se disant : « cette réunion a été utile et positive, chacun a pu apporter sa pierre aux débats. », et non pas : « encore une réunion pour rien, on n'a rien appris, on a perdu notre temps alors que nous sommes débordés de travail ».

En interne donc, la communication doit être au service de l'image de l'entreprise et de son dirigeant, elle doit mettre en valeur leurs qualités, mais avec sincérité je le répète. Car mentir n'est pas conseillé ! Et construire une image est long et difficile, alors que la détruire ne prend que quelques instants.

En effet, aujourd'hui plus qu'hier, nous vivons l'époque de la *transparence*, ce nouveau concept apparu à la suite des multiples scandales politico-financiers du milieu des années 2000 qui ont engendré l'apparition de nouvelles réglementations. Certains parlent même de la *dictature de la transparence*, tant cette idée est aujourd'hui un slogan mis à toutes les sauces. Mais il faut bien vivre avec et s'y adapter !

Il est donc aussi nécessaire de préserver son image dans le temps. Et pour cela analyser les risques qu'encourt l'entreprise et prévoir les situations de crises imprévues et subites. De nombreux cabinets de conseil sont en mesure d'apporter leur aide dans ce domaine.

L'image, c'est aussi de la constance : l'image ne doit pas être à géométrie variable. Elle illustre un caractère, qui doit être le vrai reflet d'une personnalité, sans jamais tricher car cela finit toujours par se voir ! Et l'image du dirigeant doit être source de fierté pour les collaborateurs.

J'avais pris l'habitude de parler en public, lors des réunions d'information ou lors des fêtes d'entreprise, sans lire mon papier. C'est devenu un élément de mon image, et un signe différenciant qui provoquait l'admiration de mes collaborateurs.

Car c'est une erreur de croire que les salariés souhaitent un patron à leur image : ils ont besoin de l'admirer, de ressentir qu'il a des capacités particulières, qu'il n'est pas *comme tout le monde.* C'est cela qui le rend rassurant, capable de les protéger et de les défendre dans des situations difficiles.

Nos présidents de la République nous ont donné de multiples exemples de fautes qui ont détérioré leur image.

Le président Sarkozy, alors qu'il était ministre de l'Intérieur effectuant une visite dans une cité d'Argenteuil, fut interpellé par une habitante qui se plaignait de l'insécurité qu'elle ressentait à cause des trafics divers opérés par des bandes de jeunes des immeubles voisins. Le ministre lui répondit avec spontanéité : « Vous en avez assez de cette bande de racailles. On va vous en débarrasser ! » Une énorme polémique s'en suivit qui l'obligea à se justifier, disant qu'il ne confondait pas les *jeunes* et les *voyous*. Cet incident lui coûta bien des voix lors de l'élection présidentielle.

Chacun se souvient aussi de l'erreur originelle du Président François Hollande qui avait promis pendant sa campagne d'être un *président normal*. Il ne se déplacerait qu'en train pour éviter l'avion et faire oublier les fastes de son prédécesseur. C'était déjà une erreur absolue ! Les Français, comme nos collaborateurs, doivent ressentir au contraire *l'anormalité* de leur dirigeant, son charisme, sa capacité à fédérer une nation parce qu'il est un individu *qui sort de l'ordinaire*… C'est sa personnalité qui est scrutée, tout comme son comportement quotidien.

Cette promesse de campagne ne tiendra d'ailleurs que quelques mois, et de toute façon, les mesures de sécurité étaient telles que le train, doublé d'un cortège de véhicules et parfois même d'avions officiels volant à vide pour pallier une panne, revenait plus cher que les modes de transport traditionnels.

De même, on apprendra, quelques années plus tard, dans le livre d'une de ses femmes déçues, qu'il traitait les Français pauvres de *sans dents*. Quelle élégance !

On se rappelle aussi les effets catastrophiques de certaines réactions publiques du président Sarkozy : « Casse-toi pauvre con ! » est une formule qui a fait des ravages parmi les électeurs et lui a coûté probablement très cher au moment des élections suivantes.

De même, le président Macron a commis des erreurs de communication qui ont terni son image : en indiquant à un jeune chômeur qui l'interpellait qu'il « suffisait de traverser la rue pour trouver un emploi », il est apparu comme méprisant et coupé des réalités.

Et pourtant ce n'était pas faux ! Car une grande radio s'est livrée à un test grandeur nature le lendemain de cette déclaration : son journaliste a interrogé 12 restaurateurs du boulevard du Montparnasse à Paris : 7 d'entre eux recherchaient du personnel, et 5 n'en avaient pas besoin. Mais ce n'est pas cela que le Français moyen entend. Il ne retient que l'affirmation malheureuse bruyamment relayée par les médias et les réseaux sociaux. Et le mal est fait !

En l'occurrence, le jeune Président de la République a payé très cher ses quelques erreurs de communication, puisque la *révolte* des *gilets jaunes* aura notamment pour origine l'impression de *mépris*, de *défenseur de la France d'en haut*, de *monsieur je sais tout*, que donna Emmanuel Macron au début de son mandat.

Pourtant, les erreurs de ses prédécesseurs auraient dû lui servir de leçon.

L'image est donc une composante essentielle pour le positionnement du manager. La négliger, la considérer comme inutile ou secondaire est une grave erreur. S'en occuper, la soigner est un exercice utile et stimulant à la fois.

L'(im) patience

« Patience et longueur de temps font plus que force ni que rage », dit La Fontaine dans *Le Lion et le Rat* (livre II des *Fables*).

C'est une morale à laquelle devraient réfléchir tous les jeunes qui entrent dans la vie professionnelle. Car la jeunesse est impatiente ! Ce qui est bien normal !

Or, dans les entreprises, le temps va à son rythme. Et ce rythme, ce n'est pas celui d'une conscience de jeune femme ou de jeune homme débutant.

J'ai moi-même ressenti à plusieurs reprises à mes débuts l'impression que rien n'allait assez vite. Combien de fois me suis-je dit : « j'ai fait le tour de mon poste, ils s'en sont bien rendu compte, qu'est-ce qu'ils attendent pour me proposer quelque chose ? »

Et pourtant, avec le recul, je n'ai pas de regret.

J'ai fait une carrière raisonnable, sans jamais bénéficier d'une progression fulgurante, mais avec une variété de métiers que je considère comme assez exceptionnelle. En effet, je suis passé du commerce de terrain à l'encadrement de proximité, de l'enseignement professionnel à la production audiovisuelle, pour atteindre in fine la direction générale de toutes les filiales de services d'un grand groupe d'assurances mutualiste français. La patience a payé !

Et je n'ai jamais eu à endosser un costume trop grand pour moi.

Ce qui m'a permis de ne connaître aucun accident de parcours, à la différence de certains amis qui, après des études plus brillantes que moi, se sont trouvés subitement bloqués dans leur ascension pour avoir voulu occuper un poste surdimensionné.

Mais qui dit patience ne dit pas attentisme permanent. La relation que l'on doit avoir avec sa hiérarchie doit être claire : « j'accepte avec enthousiasme la mission que je remplis aujourd'hui, je m'engage à la réussir pleinement. J'accepte que la sanction financière soit conditionnée par mon niveau de réussite dans ce poste… »

Mais une autre sanction doit être prévue : la prochaine étape de son parcours. Une ligne directrice au moins.

Car n'allez pas demander pour autant un plan de carrière ! Cela n'existe plus depuis belle lurette, et celui qui serait capable de vous tracer un devenir sur plusieurs décennies serait un menteur ou un rêveur. Le monde est bien trop instable pour que quiconque puisse vous garantir le parcours idéal. Celui qu'en plus vous ne pouvez pas vous-mêmes connaître, car vous évoluerez forcément au fil des étapes, vous vous découvrirez des goûts ou des savoir-faire que vous ne soupçonnez pas quand vous débutez.

N'oublions jamais que, comme un pays, une entreprise a une histoire qui s'est façonnée au cours des ans. Si l'entreprise a franchi tant d'étapes, a surmonté bien des difficultés, et reste une entreprise dynamique et respectée, ce n'est pas le fruit du hasard. C'est sans doute que son mode de fonctionnement a quelques vertus, la première d'entre elles étant de s'être adaptée aux évolutions du temps.

En principe, un patron expérimenté a su prouver, par son parcours, par l'histoire de l'entreprise qu'il dirige, qu'il a de véritables qualités, une vision, un projet pour l'avenir. Et donc un souci de l'emploi de ses collaborateurs. Il mérite donc leur confiance, ils peuvent être raisonnablement patients.

L'impatience doit donc être subtilement dosée. Montrer que l'on a de l'ambition est une qualité, mais faire croire qu'en quelques mois, on a tout compris de son métier et de l'entreprise, c'est un défaut.

L'implication

La fonction de président peut s'entendre en tant que *exécutif* ou *non exécutif*. Le président exécutif est le véritable dirigeant de son entreprise, tandis que le président non exécutif se positionne comme un stratège qui donne les grandes orientations sans être acteur de la vie de sa société. Cette distinction s'applique au poste de président.

Le manager moderne, quant à lui, ne peut pas rester en dehors de son affaire. Pour remplir ses missions, il doit s'impliquer au quotidien dans la gestion de l'entreprise. Cela semble évident, mais cette évidence n'apparaît pas ainsi à tous. Nombre de directeurs généraux rêvent de diriger comme un président, en s'impliquant le moins possible.

Lorsque j'ai embrassé une carrière dans une société d'assistance, je me suis trouvé confronté à l'apprentissage d'un nouveau métier que je ne connaissais pas. Prenant la succession d'un directeur commercial qui s'était mis à dos la quasi-totalité des équipes, j'ai dû d'abord m'attacher à fédérer des hommes et des femmes qui avaient perdu le goût de travailler ensemble. À tel point que l'équipe commerciale avait été littéralement exilée dans un appartement du centre de Paris, loin du siège et des fonctions supports !

Je me rappelle que mon président m'avait envoyé en mission de *reconstruction*, chargé de contrôler que l'équipe travaillait, et surtout de la ramener au bercail afin de recréer un climat de travail harmonieux. J'arrivais le matin vers 8 h 30, avant la secrétaire commerciale, ou plutôt devrais-je dire les secrétaires commerciales, car leur durée de vie dans ces locaux était d'à peu près une semaine, en raison de l'absence de travail qui leur était confié, qui se cumulait avec une certaine forme de harcèlement pervers organisé par cette étrange équipe de collaborateurs anciens, très soudés par le combat qu'ils avaient décidé de mener contre leur directeur commercial.

Les commerciaux arrivaient au plus tôt vers 10 heures, passaient quelques coups de téléphone, partaient déjeuner, et je ne les revoyais plus de la journée. Inutile de dire que leur productivité était quasi nulle, mais cela n'avait jamais semblé émouvoir mon prédécesseur.

Il faut dire que les sociétés d'assistance bénéficient d'un contexte commercial exceptionnel : étant toutes filiales d'un groupe d'assurances, elles récoltent sans effort la production des garanties qui sont incluses dans les contrats, surtout automobile, habitation et santé, de leur grand actionnaire. Ce qui permet de dissimuler une éventuelle activité commerciale déficiente.

Devant cette situation catastrophique, j'ai essayé de mettre de l'ordre, d'organiser des missions avec des reportings concomitants, et d'impulser de la créativité pour cibler des clientèles nouvelles. Il m'a fallu amadouer ces drôles de gens, aidé par mon parcours professionnel de commercial qui me donnait une certaine respectabilité à leurs yeux.

J'ai revalorisé le métier de commercial aux yeux des autres services de l'entreprise et, 4 mois plus tard, fin de l'exil, l'équipe regagnait le siège.

La production nouvelle a progressé ensuite à 2 chiffres chaque année.

Cette anecdote pour montrer à quel point l'implication du dirigeant est essentielle. Jamais l'équipe n'aurait accepté de changer de comportement si elle n'avait pas pu compter sur un patron engagé et impliqué qui faisait de ce renouveau un défi personnel. Car, comme dit le moraliste Joseph Joubert : « la parole entraîne, l'exemple enseigne. »

Jamais les autres services n'auraient accepté de changer leur regard sur ces collègues s'ils n'avaient pas senti qu'une reprise en main était en train de s'opérer. C'est au dirigeant d'incarner sa fonction, de montrer qu'il a une vision, une stratégie qu'il s'attache à mettre en œuvre lui-même. Ce qui permet aussi de passer les bons messages, sans aucun risque de les voir déformés au fil des échelons hiérarchiques.

Mais il faut aussi, dans le même temps, savoir prendre du recul : c'est toute la difficulté de l'exercice : gérer le quotidien sans perdre de vue la stratégie de long terme, sans se noyer dans les tâches opérationnelles qui peuvent aveugler et faire perdre beaucoup de temps.

Les collaborateurs sont sensibles à ces comportements. Ils attendent de leur chef une écoute attentive et aussi le sentiment que leur entreprise est pilotée et sait où elle va. Ils souhaitent que le patron ait un avis sur tous les sujets qui les préoccupent.

Combien de fois ai-je vu débarquer dans mon bureau, à l'improviste, un employé à la recherche d'une réponse sur un sujet inattendu. J'ai vite compris que la seule réponse à ne pas donner était : « je ne sais pas » ! Il faut avoir réponse à tout, même sur des sujets personnels, si l'on veut être reconnu et respecté.

Lorsqu'il peut arriver que l'on hésite sur une attitude, il est parfois utile de se demander : « quel souvenir vais-je laisser à mes collaborateurs ? »

Pas le souvenir qu'on laisse à ses supérieurs, il est fugace et souvent biaisé, mais celui que l'on laisse à tous ceux qui ont travaillé pour eux mais aussi pour nous, ceux qui ont vraiment eu besoin de nous, ceux qui se levaient chaque matin pour venir travailler avec au cœur l'idée positive que leur entreprise, c'était une entité vivante, respectueuse de chacun et au climat agréable. Et cela parce que son dirigeant était visionnaire et impliqué.

L'influence

Le rêve de tout patron est de devenir un homme d'influence. À défaut ou en complément de l'influence qu'il peut avoir sur sa famille, il rêve d'influencer ses collaborateurs dans un premier temps, puis si possible d'influencer ses pairs, voire la sphère économique tout entière. Inutile de dire que réaliser ce grand chelem n'est pas donné à tout le monde ! Avoir de l'influence sur ses collaborateurs est déjà une performance appréciable !

À quoi se reconnaît l'influence ? À une aura, à un charisme naturel qui engendre le respect, l'écoute attentive, et l'adhésion de ses collaborateurs. Le patron influent n'a pas besoin de faire état de ses titres, de sa formation, de ses exploits, pour être respecté.

Chacun connaît parmi ses relations un dirigeant, même d'un âge avancé, souvent ancien élève d'une grande école, qui ne manque pas une occasion de mentionner tous ses titres de gloire, le nom de son école, l'année de sa promotion, telles des ombrelles protectrices de son statut social. Ce comportement provoque souvent plus d'ironie que de réel respect.

L'influence est fort utile : c'est par son influence que le manager réussit à résoudre les conflits, apaiser les querelles, arbitrer des situations difficiles.

Certains éléments, pouvant parfois être considérés comme secondaires, ne sont pas neutres dans la reconnaissance de l'influence : il se trouve que je ne fais pas de faute d'orthographe. À une époque où l'orthographe tend à devenir une matière négligeable, dont certains envisageraient même de supprimer l'enseignement à l'école, la vie de l'entreprise impose encore de rédiger de nombreux messages tant internes qu'externes.

Ce qui fait de ces rédactions des paramètres importants du jugement des employés mais aussi des clients de la société.

Ma réputation d'infaillibilité orthographique m'a sans aucun doute permis d'accentuer encore mon influence dans mes entreprises. Je n'hésitais jamais à corriger des présentations, des propositions commerciales, sans mettre en difficulté leur auteur mais en insistant sur l'importance de bien écrire. Et j'ai aussi souvent, sans hésiter, envoyé en formation des salariés qui éprouvaient des difficultés à rédiger.

Même dans un pays où les matières scientifiques sont privilégiées, moi qui suis un pur produit des études littéraires, j'ai largement compensé ce qui aurait pu être un déficit d'influence, notamment par mes qualités d'écriture.

Et que ceux qui n'ont pas ce talent naturel lisent beaucoup ! La lecture permet de beaucoup progresser ; rien n'est jamais définitivement perdu !

La jeunesse

Ainsi que je le dis par ailleurs, j'ai eu la chance de travailler pendant une grande partie de ma carrière dans un domaine qui attire la jeunesse : l'assistance. Ce métier français, qui consistait au début des années 60 à rapatrier chez elles des personnes malades ou blessées, a étendu son champ d'activité à d'autres domaines, mais il a toujours pour vocation d'apporter une aide immédiate à des personnes en difficulté.

C'est ainsi que, d'abord inventée pour aider les voyageurs loin de chez eux, l'assistance a ensuite évolué pour soulager aussi des clients à leur domicile.

J'ai l'habitude de comparer les sociétés d'assistance à des sortes d'O.N.G. qui rémunéreraient leurs bénévoles. Le travail y est bien payé et adapté aux horaires des étudiants puisque l'on y travaille 24 h/24, 7 jours sur 7, et 365 jours par an. Ce qui permet de choisir des horaires à temps partiel ou complet, de jour, de nuit, en semaine ou le week-end.

Couplé à l'idéal de rendre service qui est propre à la jeunesse, les métiers de l'assistance sont particulièrement recherchés par les jeunes. La pratique des nouvelles technologies et des langues étrangères ajoute encore à l'intérêt de cette profession.

Un jeune apprend beaucoup en devenant *chargé d'assistance*. Sur un plateau téléphonique, il reçoit les appels de détresse variés de clients stressés qui, touchés par un problème de santé ou un problème matériel, ont besoin d'une aide immédiate et urgente.

Le jeune collaborateur doit réfléchir et imaginer une solution qui sortira le client de ce mauvais pas. Pour trouver une solution simple, dépanner une voiture, ou une solution plus sophistiquée, organiser une prise en charge médicale souvent complexe en liaison avec les médecins de l'entreprise ou des correspondants du bout du monde, ce métier nécessite agilité et inventivité. Tous les jeunes qui passent, même seulement une saison, sur un plateau d'assistance en reviennent plus forts et plus intelligents qu'avant !

La jeunesse a aujourd'hui des exigences particulières : si les jeunes gens sont prêts à s'impliquer beaucoup dans leurs missions, l'équilibre entre la vie privée et la vie professionnelle a pris une importance nouvelle. Il faut donc savoir leur proposer un métier enrichissant dans des conditions de confort adaptées au temps. À ce titre, le télétravail, qui évite de perdre beaucoup de temps dans les transports, prend beaucoup d'importance, une importance accrue par les délocalisations d'entreprises dans des quartiers éloignés des centres-villes.

Il faut aussi adapter les styles de management aux nouvelles générations que l'on a pris l'habitude de qualifier par une lettre : *génération z* (nés après 1995), petits frères de la *génération y* (nés entre 1980 et 2000) et enfants de la *génération x* (née dans les années 60)… En effet, un jeune homme ou une jeune fille d'aujourd'hui n'accepte pas d'exécuter n'importe quelles consignes, et n'accepte pas non plus de se voir imposer des ordres sans savoir pourquoi. Le management doit donc être participatif, chaque décision doit être motivée. Et tant mieux ! Cela implique que les managers se remettent en question en permanence pour s'adapter à des populations variées dont l'engagement et la réussite dépendent de la façon qu'ils ont de les diriger.

À la différence des universités d'autrefois qui ne s'attachaient pas à organiser le travail de leurs étudiants, les formations dispensées dans les écoles de management permettent d'apprendre le travail en équipe. C'est une excellente préparation à la vie en entreprise. Cela oblige les managers à perpétuer un management moderne : éviter les *silos*, faire travailler ensemble des services différents pour conduire des projets interdisciplinaires par exemple.

À ce titre, l'organisation de séances de créativité, qu'on appelle *hackatons* ou *sprints innovations*, est une très bonne méthode : réunir pendant 2 jours des collaborateurs de tous les services de l'entreprise en leur donnant mission de créer un nouveau produit ou service. Les résultats de telles séances que j'ai pu organiser sont surprenants : ce sont des foisonnements d'idées neuves, et une implication forte des participants, le tout créant une fierté d'appartenance et un attachement renforcé à l'entreprise.

La jeunesse est un formidable atout pour maintenir en éveil le management. Il faut lui faire confiance et lui accorder le droit à l'erreur, sans oublier que la confiance n'exclut pas le contrôle. Il faut la respecter tout en la guidant sur un chemin qui lui permette d'évoluer en suivant les ondes positives et en évitant les pièges des réseaux négatifs de l'entreprise. C'est le meilleur moyen de préparer l'avenir.

La lucidité

La lucidité est un trait de caractère essentiel pour le collaborateur qui souhaite *sortir du lot* et faire une carrière *extra-ordinaire*. C'est en effet une manifestation de l'intelligence, et le signe d'une capacité à réfléchir de façon personnelle aux faits et aux êtres.

En arrivant dans une nouvelle entreprise, le nouveau collaborateur découvre une organisation : avec son œil neuf, il doit bien sûr d'abord apprendre son poste et ses tâches, mais il doit aussi observer ce nouvel environnement : un patron, des services, des postes, des femmes et des hommes.

C'est ce que l'on appelle un *rapport d'étonnement*. Pas d'a priori, mais une réflexion qui s'appuie sur l'écoute de l'autre, et toujours beaucoup de bon sens ; pas de rébellion, mais un état d'esprit positif pour se couler dans le moule du poste pour lequel on a été recruté sans abandonner le fonds de sa personnalité mais en sachant au besoin arrondir les angles.

Cette attitude est indispensable pour prendre possession de sa fonction. Certes, il peut paraître difficile, lorsqu'on a juste fini ses études et que l'on ressent encore le besoin de liberté qui a accompagné tant d'années, de changer de costume, de porter une cravate, bref, de devenir un *homme d'affaires*.

Je me rappelle combien il m'a fallu changer quand j'ai commencé à travailler ! Étudiant en lettres, je faisais peu attention à mes tenues vestimentaires, et je ne portais jamais la cravate. C'est au contact de mes clients, des gens souvent simples vivant dans les campagnes alsacienne et lorraine, que j'ai pris conscience de l'importance de ma tenue vestimentaire : c'était la marque du respect que je leur devais ! Ils ont été plusieurs à m'en faire la remarque : « moi je travaille en bleu, mais vous, c'est normal que vous portiez une cravate ».

C'est vrai qu'aujourd'hui, la cravate se perd. Je reste pourtant persuadé que, outre son aspect esthétique indéniable, elle peut être une arme redoutable pour mieux défendre ses arguments et son positionnement.

Comme l'artisan adopte le bleu de travail dans son atelier, le cadre doit adopter la tenue traditionnelle de son entreprise.

Mais la tenue vestimentaire n'est pas tout : au sein d'une organisation, en effet, c'est avec lucidité qu'il faut identifier les comportements. En effet, il existe de véritables *courants* – comme dans un parti politique – et certains d'entre eux sont de vrais pièges : ils peuvent être les collaborateurs qui s'opposent à leur direction (pour des raisons souvent complexes et liées à une histoire dont le nouveau ne peut connaître tous les arcanes) ou encore des gens usés par une trop longue présence dans l'entreprise ou à un poste, et qui n'ont pas su pratiquer la mobilité, seule véritable assurance contre l'usure.

Pas de temps à perdre ! Recherchons au contraire les contacts positifs avec des collaborateurs qui ont envie d'aller de l'avant parce qu'ils ont compris que leur destin et celui de leur société sont étroitement liés.

Ce *tri* entre les *mauvais* et les *bons,* personne ne peut le faire à notre place. C'est donc notre propre lucidité qui doit être aiguisée en permanence car nous en aurons besoin tout au long de notre carrière : il faudra en effet savoir choisir les filières porteuses.

Il y a des époques où certaines fonctions sont *à la mode*, en fonction de la situation économique. Citons par exemple les ressources humaines ou le contrôle de gestion en période de crise, le secteur commercial ou la communication en période de croissance.

En vertu de ce principe, il faudra aussi savoir quitter une filière à temps, avant qu'elle ne s'effondre tout à fait, et envisager une orientation nouvelle. Ne le nions pas, tout cela n'est pas aussi scientifique qu'il y paraît, mais il faut savoir mettre en œuvre son bon sens, son recul, et l'on favorisera ainsi le facteur qui doit aider une belle carrière : la chance, celle que les *bons* repèrent, appréhendent, et utilisent, tandis que les *mauvais* se mettent en situation de ne jamais la croiser.

C'est ainsi que le collaborateur doit être un acteur dans son entreprise, et un acteur de sa propre carrière. À vrai dire, il en va de même dans la vie : soit on subit les événements sans vouloir prendre parti ou agir pour la rendre meilleure, soit on décide de prendre sa vie à bras le corps et d'intervenir chaque fois que c'est possible pour ne pas se laisser imposer des décisions inadéquates.

À l'opposé de l'individu qui se laisse porter par les événements, il observe en permanence l'évolution de sa société, il essaye toujours d'évaluer les forces en présence, et il peut ainsi anticiper les modifications des structures et des postes pour se faire un parcours professionnel presque *sans faute*.

Naturellement, pour ceux que taraude le désir d'entreprendre, ce parcours peut aussi mener à créer son entreprise. À condition de choisir une filière porteuse et de mettre tous les atouts de son côté, c'est une expérience passionnante. Je n'ai pas sauté ce pas pendant ma vie active, mais j'ai *créé ma boîte* à l'issue de ma carrière, et j'y prends beaucoup de plaisir !

Bref, il faut être dans son travail comme dans la vie : ouvert, curieux de tout, désireux d'apprendre pour élargir sa personnalité. Ces caractéristiques amèneront tout naturellement notre jeune cadre à pratiquer la mobilité professionnelle : d'un poste à un autre, d'une entreprise à une autre, peut-être la sienne propre, c'est le secret d'une carrière stimulante et enrichissante. À condition bien sûr d'être, là encore, lucide.

Tout le monde ne peut pas exercer tous les métiers, et la mobilité ne doit pas nous amener à tout embrasser : *qui trop embrasse mal étreint,* dit la sagesse populaire, et c'est diablement vrai !

J'ai été sollicité souvent dans ma carrière pour occuper des postes divers. Mais j'ai toujours eu comme une intuition qui m'a guidé, et m'a évité d'accepter des postes pour lesquels je ne me sentais pas compétent. Ma formation qui n'avait rien à voir avec mes fonctions a été un étalon de mes capacités : n'ayant jamais été *formaté* par les professeurs d'une grande école par exemple, j'ai adopté une forme d'humilité professionnelle, et j'ai plus souvent été choisi que je n'ai choisi moi-même mes orientations.

Ce faisant, j'ai toujours eu conscience de mes limites, ce qui m'a préservé de choix hasardeux. Certains de mes amis, qui avaient fait pourtant des études plus brillantes que moi, se sont trouvés confrontés à des difficultés que je n'ai jamais connues, et à des accidents de parcours.

Par éthique personnelle, je me fais un devoir de recevoir tous les gens en recherche d'emploi que me recommande un ami. Et, bien souvent, je constate que l'absence de lucidité sur eux-mêmes est une des sources de leurs malheurs.

Fidèle aux préceptes que je distille dans ce livre, j'ai pris l'habitude de leur demander : « que savez-vous faire ? ». Visiblement, ils ne s'attendent pas à cette question, et leurs réponses alternent entre 2 attitudes : soit bafouiller quelques savoir-faire *bateau* que je mets du temps à faire accoucher, soit débiter une litanie, un fourre-tout de compétences qui laisse à penser que, tels des couteaux suisses, ils sont capables de tout faire, ce qui est évidemment impossible, et même angoissant pour un recruteur qui n'en demande pas tant !

Le dirigeant, lui, doit savoir favoriser la mobilité pour ses collaborateurs.

Au lieu de conserver auprès de lui dans un même poste ceux qui lui sont utiles, il doit, lors de l'entretien annuel d'appréciation, rechercher les motivations – surtout pour les gens auxquels il tient – et proposer spontanément un changement d'affectation s'il en décèle le besoin. Et cela au risque de perdre un collaborateur de talent, et de le voir rejoindre un autre service, un autre métier. Mais ne vaut-il pas mieux s'attacher un homme talentueux, le fidéliser, plutôt que de le voir partir déployer ses savoir-faire chez un concurrent ?

Cela nécessite, bien sûr, que son patron fasse preuve de lucidité, d'abnégation et d'altruisme, mais c'est le rôle d'un patron de comprendre qu'un collaborateur heureux travaille mieux.

Or, ce bonheur, il se peut qu'il réside dans une carrière mobile et variée. Au patron donc de l'organiser s'il le peut. Il est en tous cas vrai que des collaborateurs qui évoluent aident souvent leur patron à évoluer, et alors tout le monde y gagne.

Le mépris

Qui n'a pas connu à un moment de sa vie le mépris ? Celui d'un père peu affectueux, d'un professeur trop sûr de son autorité, ou d'un chef maladroit ?

Dans l'entreprise, le mépris est sans doute un défaut majeur du dirigeant. De quoi s'agit-il ? Avant tout de ne pas accorder aux gens la reconnaissance dont ils ont besoin ; cela se manifeste d'abord dans la vie quotidienne : ne pas saluer ses collaborateurs en arrivant le matin, ou quand on les croise dans un couloir.

Ce comportement déborde dans la relation de travail : on ne fait pas confiance à quelqu'un que l'on méprise, et donc on ne lui délègue pas les tâches qu'il serait pourtant capable d'exécuter, ou, si on l'a fait, tel un professeur qui ne compte que les fautes en corrigeant une copie, on lui reproche toujours les points négatifs du travail sans en reconnaître les aspects positifs.

Cette attitude génère une atmosphère difficile : par le mépris, on nie le travail, les capacités, le niveau des autres, on donne l'impression de nier jusqu'à leur droit d'exister et de travailler.

Mais le mépris peut aussi prendre d'autres formes. Nous connaissons tous cette catégorie de chefs qui refusent de prendre le risque de recruter des collaborateurs qui pourraient leur faire de l'ombre.

Certains n'hésitent pas à reconnaître ouvertement que leur stratégie est délibérément de s'entourer d'hommes ou de femmes qu'ils jugent moins intelligents qu'eux, afin de conserver leur place, leur rôle et leur titre. Quel mépris pour leur entourage ! Et quel bénéfice peuvent-ils en retirer ? Sans doute l'impression rassurante qu'ils sont vraiment meilleurs, et que personne ne les met en péril. Mais, une autre conséquence de cette attitude est sans doute aussi de rompre avec la réalité des gens et des choses.

Car, même si l'on souhaite recruter des collaborateurs moyens ou faibles, on peut, par erreur ou par hasard, tomber parfois sur quelqu'un d'intelligent ; et dans ce cas, on ne sait pas le gérer, et le considérer à son niveau car on refuse de reconnaître ses capacités.

Le seul résultat que l'on obtiendra alors est le départ de ce collaborateur, et donc l'impossibilité pour l'équipe de s'enrichir de ses talents, et d'espérer grandir avec lui ; bref le nivellement par le bas dont on constate trop souvent les ravages partout où il se pratique.

Le dirigeant méprisant refuse la confrontation avec des gens brillants, il n'accepte que les propos qu'il veut entendre, et il devient peu à peu un despote qui refuse qu'on l'éclaire, trop désireux de rester confit dans sa fatuité. Restera seulement autour de lui une cour qui aura compris comment satisfaire le roi, et surtout comment ménager son intérêt personnel et faire avancer sa carrière.

Ce défaut révèle évidemment un autre trait de caractère : l'égoïsme, le contraire de l'altruisme, dont nous avons vu qu'il est une composante nécessaire du bon management.

Une entreprise est une communauté d'individus qui collaborent, chacun à sa place, avec un objectif commun. À ce titre, chacun a droit à la reconnaissance de son chef pour le travail qu'il effectue.

Et si le manager trouve que les défauts de l'équipe sont si nombreux, qu'il prenne ses responsabilités pour améliorer la qualité des hommes, ou, à défaut, qu'il ait le courage de s'en séparer. Sans quoi, c'est certainement lui qui mérite le mépris.

Les parachutes

On rencontre des collaborateurs parachutés en politique comme dans les entreprises. Fils ou fille du patron, ami de promotion ou d'école, membre d'un réseau ami, toujours bardé de diplômes, il est rare que l'on n'en voie pas passer dans une carrière. Ils énervent, ils irritent, ils suscitent la rumeur et sont surveillés comme le lait sur le feu dans le seul objectif de guetter le faux pas qui les fera chanceler.

Alors, que faire lorsqu'arrive dans son champ de vision ou d'action un parachuté ? Le critiquer ? Organiser la résistance ? Répandre des bruits calomniateurs ? C'est stupide et inutile ! Essayer de lutter contre eux, c'est perdre son temps et son énergie car on ne les connaît pas, et ils ne méritent pas tant d'hostilité.

Autant positiver, faciliter leur intégration, s'attirer leurs bonnes grâces ! Pourquoi ? D'abord parce qu'objectivement, ce sont souvent des gens de valeur.

Ensuite parce qu'en plus, ils sont souvent sympathiques.

Enfin parce qu'ils ont tout à apprendre, ils le savent. C'est pour cela qu'en acceptant de les former, un collaborateur pédagogue trouvera un excellent moyen de se faire remarquer.

Si le parcours du parachuté se déroule brillamment dans l'entreprise, il saura assurément se souvenir de ceux qui l'ont aidé à son arrivée !

Et si, comme bien souvent, le parachuté s'en va assez rapidement poursuivre ailleurs sa carrière, il deviendra un nouveau maillon du réseau qui véhiculera une image positive de ses anciens sponsors.

À plusieurs reprises, j'ai vu passer de nombreux collègues arrivés pour de bonnes raisons, ou plutôt de bons réseaux. Je les ai toujours accueillis avec loyauté et dévouement, et je peux dire sans forfanterie qu'ils sont tous devenus ensuite des copains bienveillants qui ont propagé la bonne parole à mon sujet partout où ils sont passés.

Il faut donc absolument résister aux oracles de mauvais augure, et se comporter avec ces collègues comme lors de l'arrivée d'un collègue *classique.*

Le parcours

Un parcours professionnel est bien souvent une alchimie de plusieurs facteurs qui paraissent parfois bien étrangers les uns aux autres.

Mon parcours personnel reflète assez bien cette réalité. Alors que j'avais fait des débuts honorables dans la vente de contrats d'assurance-vie et de retraite en Alsace, on m'a confié, à l'âge de 30 ans, la direction d'une *inspection départementale* dans l'Essonne : 40 collaborateurs à manager, en prenant la succession d'un inspecteur à la popularité sérieusement émoussée. (La moitié des collaborateurs avait boudé son pot de départ).

Je déployais donc toute mon énergie à rétablir la confiance, à recruter des salariés pour remplacer tous ceux qui, découragés, avaient *rendu leur tablier*, et à relancer la production de contrats qui s'était effondrée. Je réussis à augmenter de 30 % les chiffres de production nouvelle chaque année pendant 4 ans.

C'est dans ce cadre qu'une de mes prestations fut remarquée lors d'un séminaire commercial de l'équipe de vente régionale. Mon n+1, *l'inspecteur général* m'appela quelque temps après pour me proposer de devenir formateur au centre de formation de l'assureur qui m'employait alors, afin d'y dispenser des cours dans le cadre des formations de débutants ou de commerciaux chevronnés.

Je dois préciser que, loin d'être une voie de garage, ce type de poste occupé pendant 3 à 5 ans permettait à son titulaire de repartir sur le terrain avec une sérieuse promotion.

J'y commençais alors une carrière de *professeur*, celle à laquelle mes parents m'avaient destiné et que j'avais abandonnée pour cause d'échecs répétés aux concours de recrutement. Préparer de nouvelles recrues aux fonctions commerciales et assurer la formation permanente des commerciaux plus anciens, telle était ma fonction exercée dans le cadre d'une équipe très sympathique et très soudée. Et je m'apprêtais, comme c'était prévu dans la filière classique des formateurs, à reprendre une *inspection départementale* en province.

Mais au bout d'un an, rien ne se passa comme prévu. En effet, la compagnie nationalisée se vit dotée d'une présidente à poigne qui révolutionna les habitudes de la vieille maison. Outre une radio d'entreprise dont je parle par ailleurs, elle décida de créer une télévision d'entreprise. Elle acheta des heures d'antenne la nuit au service public de l'audiovisuel, et dota tous les managers commerciaux de magnétoscopes. Eh oui, à l'époque, pas d'Androïds, pas de podcasts, mais des *cassettes vidéo* sur lesquelles on enregistrait ses émissions favorites.

Le système était ainsi conçu : les cadres commerciaux devaient enregistrer la nuit les émissions de formation et d'information, et les rediffuser à l'occasion de leurs réunions d'équipe.

Vu mon pedigree, le patron du centre de formation avait décidé que je serais le producteur-réalisateur des émissions de formation. Je suivis 6 mois de formation dans une société de production, et je me lançais…

On n'avait pas lésiné sur les moyens : dans les sous-sols de la tour de la Défense, siège de la compagnie, avait été aménagé un studio équipé des technologies dernier cri, notamment les caméras *Betacam*, les premières qui enregistraient directement le son avec l'image.

Raison pour laquelle, d'ailleurs, les équipes du service public de l'audiovisuel refusèrent longtemps de s'en équiper : puisque, le caméraman pouvant tout faire seul, cela supprimait le poste de preneur de son…

J'eus l'occasion de réaliser 70 films en 4 ans, reportages, fictions, clips de promotion… avec souvent de grands journalistes et des comédiens dont certains firent ensuite une belle carrière. Un plaisir intense, un des plus beaux épisodes de ma carrière ! Qui m'a permis en outre d'acquérir une visibilité dans le groupe qui n'avait rien à voir avec mon modeste niveau hiérarchique…

Ensuite, mon président fut affecté à la direction d'une filiale de services du groupe, et me demanda de le rejoindre.

Commença alors la deuxième partie de ma carrière, dans les services associés aux contrats d'assurance.

Un épisode également intéressant et enrichissant. De nouvelles compétences que je dus acquérir : la technique du marketing des services, le management de plusieurs centaines de collaborateurs, la gestion, la technologie, la finance… Puis l'opportunité de changer d'entreprise, ce qui me permit d'atteindre un poste de directeur général de plusieurs filiales d'un grand groupe d'assurance et de président de la branche professionnelle de l'assistance.

On le voit, rien n'était écrit, rien n'était prévu, et pourtant tout se passa bien. Une volonté de réussir, un travail acharné, une mobilité intellectuelle, de la chance et du flair ont favorisé le déroulement d'un parcours atypique.

Savoir aborder l'imprévu et avoir la curiosité des changements d'orientation sont, au-delà de la formation initiale, des gages d'un parcours réussi.

Le paternalisme

Le *Petit Robert* définit ainsi le paternalisme : *conception patriarcale ou paternelle du rôle de chef d'entreprise.*

Voilà un terme galvaudé s'il en est ! Il désigne un mode de management suranné, subsistance d'un temps où les rapports humains dans l'entreprise étaient autoritaires, et où le *patron* compensait son autorité excessive par un comportement paternel à l'égard de ses collaborateurs. Il s'agissait pour lui de s'impliquer dans la vie personnelle de ses ouvriers, et d'accorder des avantages – parfois substantiels comme les logements dans les *cités* des entreprises, textiles dans le nord, minières en Lorraine par exemple, – pour les fidéliser et adoucir les difficultés de la vie.

Mais aujourd'hui, où en sont les rapports humains dans un monde de plus en plus déshumanisé ?

Le décès récent de l'ancien président Jacques Chirac a démontré que les Français gardaient le souvenir de son sens du contact, de son souci des autres, bref de son humanité. Et certains passants interrogés ont affirmé qu'ils considéraient un peu ce président comme leur *père !*

Dans une entreprise, peut-on rester insensible à ce collaborateur qui vient vous annoncer la maladie de son conjoint ou d'un de ses enfants ? Vaut-il mieux qu'il garde en lui sa douleur et qu'il se renferme sur lui-même ? À qui peut-il en parler, en dehors de quelques vrais amis et de ses collègues ? C'est sur notre lieu de travail que nous passons le plus de temps, c'est là que se déroulent de nombreux événements qui impactent toute notre vie.

Alors, pourquoi ne pas redonner un nouveau lustre au terme « paternalisme », à la mode d'aujourd'hui ? À l'inverse du manager insensible qui confond encadrement et autoritarisme, c'est tout simplement une sensibilité, une manière d'être, d'encadrer ses collaborateurs avec humanité et chaleur, de partager leurs joies et leurs peines, et bien souvent de les rassurer par quelques mots que l'on saura trouver, et qui redonneront confiance et énergie à la femme ou à l'homme blessé.

Ne cédons pas à la mode ! Ne bannissons pas une terminologie parce qu'elle est considérée comme passéiste. Le comportement paternel, avec toute l'affection et la protection qu'il implique, n'est pas mort. Il reste apprécié, même demandé par nombre de gens qui qualifient de *père* quelqu'un qu'ils admirent. Tel le Phénix, il renaît de ses cendres, habillé d'un costume à la mode d'aujourd'hui, par exemple *l'empathie,* ou la *bienveillance*, cette capacité de s'identifier à autrui dans ce qu'il ressent. Preuve que cette notion a toujours sa raison d'être.

C'est évidemment aussi une attitude que favorise le privilège de l'âge. En effet, il est plus facile de se comporter en *père* lorsque l'on en a l'âge, et que l'on en remplit la fonction dans sa vie personnelle. Éduquer ses enfants permet de perfectionner l'étude de l'âme humaine, de ses secrets, de ses comportements, de ses réactions dans des circonstances diverses. On peut toujours en retirer du profit qui servira à mieux appréhender les motivations des femmes et des hommes que l'on est appelé à diriger.

La pédagogie

Étymologiquement, la pédagogie est la *science de l'éducation des enfants*. Avec le temps, ce terme a élargi son sens pour séparer les racines grecques de ce mot : *pais*, enfant, et *agogia* qui indique l'idée de *guider, de conduire vers,* et par extension *d'initier.*

La pédagogie, c'est l'art de la répétition ! Comment faire adhérer des collaborateurs à la stratégie de l'entreprise si on ne la leur explique pas ? Et plusieurs fois, pour qu'ils se l'approprient véritablement et qu'ainsi ils y contribuent plus encore.

Pour former, il faut expliquer ; pour convaincre, il faut expliquer ; pour obtenir plus de ses collaborateurs, il faut qu'ils sachent ce qu'on leur demande et pourquoi on le leur demande. Clarté et concision sont les deux règles de la bonne pédagogie. Mais la pédagogie n'est pas une valeur universellement et équitablement partagée. Au manager de repérer et de recenser ceux de ses collaborateurs qui ont ces qualités pour leur confier des missions de formation et d'animation des équipes.

Comme je le raconte ci-avant, alors que je venais de prendre une responsabilité opérationnelle dans un département de la couronne parisienne, mon supérieur hiérarchique me demanda d'intervenir dans une formation d'agents d'assurance. Cette intervention se passa, à mes yeux, sans difficulté particulière. Ce n'est que quelques mois plus tard que mon patron m'appela pour me proposer un nouveau poste de formateur commercial au centre de formation de la compagnie. Il me révéla alors que c'est mon intervention dans son séminaire qui avait attiré son attention sur mes capacités pédagogiques qui, il est vrai, auraient dû constituer le socle de ma carrière de professeur à laquelle me destinaient mes parents.

Conçu comme une étape dans la carrière, ce passage en tant que formateur m'apporta beaucoup. Il faut dire que le challenge en valait la peine : former en 4 semaines des vendeurs d'assurance-vie et de produits retraite. Ce poste très exposé fut très enrichissant !

Évidemment, la pédagogie implique d'être patient, là encore une vertu qui n'est pas donnée à tout le monde ! *Apprendre à apprendre* est donc un axe de formation primordial pour toute entreprise qui souhaite que son encadrement soit efficace et sache faire grandir ses collaborateurs.

Et le patron ne doit pas hésiter à *descendre dans l'arène* lui-même pour faire passer des messages essentiels. Les collaborateurs doivent sentir qu'ils sont dirigés et que leur patron est présent et n'est pas inaccessible puisqu'il vient lui-même, dans les circonstances importantes, s'adresser à eux.

Les procédures

Une entreprise ne peut fonctionner avec rigueur sans procédures. Les démarches de management par la qualité sont, à cet égard, utiles car elles obligent à formaliser des modes de fonctionnement qui en général existent, mais qui sont appliqués de façon hétérogène. Ce qui induit des problèmes lorsqu'il s'agit de transmettre des savoirs par exemple.

Les procédures sont donc *un mal nécessaire*. Un mal car c'est un exercice qui est souvent mal vécu par les équipes : « on me fait perdre mon temps, de toute façon, ce qu'on me demande, je le fais déjà ! » Oui, mais un recueil de règles, que ce soit une fiche de description de poste ou une procédure opérationnelle expliquant comment un collaborateur doit exécuter une mission, est indispensable pour qu'une entreprise puisse construire son histoire et pérenniser ses savoir-faire.

J'ai le souvenir de la première démarche ISO 9000 que j'ai mise en place dans la société d'assistance que je dirigeais.

À la fin des années 90, la démarche ISO avait 2 caractéristiques :

- être mise en œuvre quasi exclusivement dans les entreprises industrielles, et non pas dans les entreprises de services ;
- être constituée quasi exclusivement d'un corpus de procédures, long exercice d'écriture à faire pour des collaborateurs peu habitués à rédiger.

Le *manuel des procédures*, Sainte Bible de toute la culture et des savoir-faire en vigueur, constituait la preuve que l'exercice avait été fait. C'est pourquoi se lancer dans une telle entreprise était audacieux !

En vérité, bien des sociétés s'acquittaient de ce devoir en recrutant un consultant qui s'enfermait dans un bureau et s'attaquait à la rédaction du *pensum* pour obtenir le précieux sésame. L'audit de certification était donc un dialogue entre l'auditeur et le consultant, et personne ne tirait profit de la démarche. Ce qui annihilait totalement l'intérêt de l'exercice !

Au contraire, je décidais de faire de cette démarche un outil de motivation et de changement de culture pour tous les collaborateurs : en deux mots, certifier tout le périmètre de la société, tous les collaborateurs de tous les services. J'ignorais dans quelle galère je me lançais ! Car tout le monde faisait bien son travail, et personne ne comprenait ce que cette démarche allait apporter !

La responsable qualité que j'avais nommée pour porter la bonne parole était reçue avec un scepticisme teinté d'ironie par tous les chefs de service, et terminait ses journées en pleurs dans mon bureau ! S'est ajouté à cela le mauvais choix du consultant chargé de nous accompagner, et qui s'est fait rapidement détester par les équipes !

Conséquences de ce pataquès :

- de sérieux ennuis avec les représentants syndicaux, qui sautèrent sur l'occasion pour m'attaquer sur les thèmes : « à quoi ça sert ? », « ça coûte combien ? »…
- 3 ans pour être certifiés au lieu des 6 mois que m'avaient promis les cabinets de conseil que j'avais consultés.

Mais, à force de conviction et de ténacité, la culture du management par la qualité s'est imposée, les collaborateurs se sont approprié la démarche, et l'entreprise a ressenti une grande fierté d'être ainsi capable d'évoluer et de s'adapter aux temps nouveaux.

Chaque audit réussi était vécu comme une victoire des collaborateurs sur eux-mêmes et une preuve de leur capacité à s'adapter aux changements pour pérenniser leur travail.

Et je maintiens que cette démarche m'a permis de faire passer cette entreprise de l'ancien temps à l'époque moderne sans troubles sociaux, et de lui conserver sa culture propre.

Il se trouve aussi que les évolutions réglementaires subies dans les années 2000 à la suite des scandales financiers aux États-Unis nous ont obligés à mettre en place des contrôles de plus en plus rigoureux ; la culture de la qualité a rendu l'exercice beaucoup plus facile pour nous, ce qui nous a permis d'être identifiés comme une filiale exemplaire au sein du groupe.

Et bien sûr, sur le plan commercial, j'ai abondamment mis en avant ce certificat pour remporter des appels d'offres qui en demandaient toujours plus sur ces thématiques.

En conclusion, il ne faut pas tomber dans l'excès : oui à des procédures utiles facilitant la transmission des savoirs et des métiers, non à des recueils de principes rigides qui figent les hommes et annihilent l'action.

Tout est question de méthode : bâtir des procédures est une démarche à l'aspect technocratique qui doit être construite le plus souvent avec l'aide de consultants spécialisés, et avec la participation des collaborateurs. Elle doit, bien sûr, être voulue, maîtrisée et *vendue* par la direction générale, et partagée par tous parce qu'il aura été prouvé qu'elle est utile à l'amélioration du fonctionnement des rouages de l'entreprise.

La qualité de vie au travail

On l'appelle familièrement la Q.V.T. Cette invention des spécialistes de ressources humaines peut s'apparenter à une version moderne du paternalisme : pour favoriser le *bien-être* des salariés, le lieu de travail doit être aussi un lieu de détente et de plaisir, où les collaborateurs doivent se sentir bien et profiter de loisirs soigneusement orchestrés par le dirigeant.

Les grands spécialistes de ce nouvel ordre sont les anglo-saxons. Déjà dans les années 80, j'avais visité une grande compagnie d'assurances dans le Connecticut, qui avait dans ses locaux un vaste terrain de sports couvert comportant même une piste de course à pied.

En Angleterre également, un assureur mutualiste avait installé en son siège une grande piscine couverte que les salariés pouvaient utiliser à la pause déjeuner ou en fin de journée.

Aujourd'hui, on est allé encore plus loin : en entrant dans les locaux parisiens de Google par exemple, on a l'impression d'entrer dans un café-restaurant truffé de couleurs, de sièges moelleux et de jeux divers. De même, les employés de Google bénéficient dans le monde entier de congés de naissance extrêmement avantageux et incitatifs, afin de s'adapter aux nouveaux modes de vie des couples.

C'est chez Axa en France que ce modèle a été développé dès le début des années 2000. Au siège de l'avenue Matignon, on a l'impression d'entrer dans une salle de restaurant très lumineuse, où l'on peut prendre un verre ou un sandwich à toute heure.

De même, ces entreprises proposent des espaces de repos, où l'on peut même faire des micro-siestes, des cours de danse ou de yoga, des baby-foot, tables de ping-pong… pour améliorer le confort de leurs employés.

Pour institutionnaliser cette activité, une nouvelle fonction a été créée, celle de *chief happiness officer,* ces *responsables du bonheur* appelés aussi *feel good managers*, chargés de veiller, dans le cadre de la prévention des risques psychosociaux, à la santé physique et mentale, *wellness,* et au bien-être ressenti, *well-being*, bref à tout ce qui contribue à l'épanouissement des collaborateurs, à leur engagement et donc à leur productivité dans l'entreprise.

Les missions de ces *ambassadeurs du bonheur* peuvent être de nature différente : de l'organisation de pots conviviaux à la mise à disposition de services de conciergerie, de crèches d'entreprise, ou à la création d'ateliers d'écoute, ils sont invités à inventer les recettes du bonheur au travail.

Les querelles

Certains humains ne peuvent pas vivre sans se quereller. Ce défaut peut, le plus souvent, être maîtrisé par les collègues sans dépasser les limites d'un service. Mais il est générateur de mauvais climat dans une entreprise, et il faut donc savoir gérer ces comportements. Comment se comporter face à une querelle ?

En premier lieu, il faut laisser s'exprimer le querelleur. En effet, il n'écoutera aucun argument tant qu'il n'aura pas complètement délivré son message. Il faut, comme le dit la formule populaire, qu'il *vide son sac*. C'est seulement à ce moment-là qu'il pourra être sensible à un discours de raison. Ensuite, il faut essayer de reprendre ses arguments, les reformuler, et démontrer de façon apaisée et factuelle les failles de son raisonnement. Sans oublier que « on peut convaincre les autres par ses propres raisons ; mais on ne les persuade que par les leurs » et que « le but de la discussion ne doit pas être la victoire, mais l'amélioration. » (J. Joubert).

Le rôle d'un patron est bien de ne pas susciter des querelles, de ne pas aborder des sujets conflictuels. Ne pas entrer dans le jeu du collaborateur querelleur, ne pas aiguiser des querelles, mais toujours les apaiser, et tenter de les régler pour maintenir un climat de confiance digne d'une entreprise sereine et raisonnable. Tous les collaborateurs s'en rendent compte : le calme du patron rassure !

La raison

Le patron a toujours raison. Par principe, et même si les organisations représentatives du personnel essaient en permanence de prouver le contraire !

Souvent, elles n'en pensent pas moins, mais elles se croient obligées d'être dans la posture d'opposants systématiques, associée à celle d'oiseaux de mauvais augure, pour être de bons syndicalistes.

Pas de raison sans justice : pour avoir raison, le patron doit être juste. Ne pas prendre de décision inique, ne pas faire preuve de passion dans son comportement.

Car la passion empêche de voir clair ! J'ai parfois entendu dire par un dirigeant : « celui-là, de toute façon, je ne l'aime pas ! ». Est-on dans une entreprise pour aimer ? Non ! On peut certes apprécier la culture de l'entreprise dans laquelle on travaille, on peut apprécier les qualités d'un collaborateur, de son supérieur hiérarchique, mais de là à l'aimer… C'est d'une autre nature, cela relève de la sphère privée.

L'*affectio societatis* est un état d'esprit positif, qui manifeste un attachement à son employeur. Mais l'employeur reste un employeur… Cela n'a rien à voir avec les sentiments que l'on peut ressentir à l'égard d'un parent ou d'un être cher auquel on tient.

Pour vérifier si l'on respecte cet ordre *raisonnable* des choses, je conseille de se livrer à un exercice simple : vérifier si les collaborateurs sont payés équitablement, si l'on respecte le principe :

à travail égal, salaire égal. L'on s'aperçoit toujours que cette règle n'est pas respectée. Pourquoi ?

Peut-être parce qu'à un moment de sa carrière, tel collaborateur a été favorisé par un supérieur qui l'a apprécié plus que de raison, et l'a fait progresser de façon anormale. Les seules progressions justes sont celles qui sont provoquées par les qualités professionnelles, certainement pas celles issues d'un engouement soudain.

Peut-être parce que tel collaborateur a su se mettre en avant au bon moment, *se vendre* pour saisir une opportunité professionnelle. Ce peut être justifié, mais la suite des événements doit alors le prouver.

Lorsqu'il m'est arrivé de promouvoir un salarié, aussi bizarre que cela paraisse et contrairement aux principes de nombre de mes collègues, je ne lui ai jamais accordé d'augmentation de salaire a priori. Je lui ai toujours expliqué que je faisais un pari sur ses qualités, et que la récompense viendrait après qu'il aurait fait ses preuves, réussi ses nouvelles missions, et démontré ainsi qu'il était digne de la confiance que je lui accordais. Cela redoublait sa motivation !

Mes collaborateurs ont toujours parfaitement compris et accepté ces challenges. Et ils ont ainsi pu faire des carrières linéaires, toujours en progression, et sans les accidents de parcours que peuvent connaître des hommes ou des femmes trop vite promus.

C'est ce que j'appelle des parcours raisonnables, favorisés par les seules qualités personnelles, sans interférence d'éléments passionnels.

La reconnaissance

C'est le moteur qui fait avancer les hommes ! Que demandons-nous dans notre vie tout entière ? D'être reconnus ! Reconnus comme de bons élèves, de bons parents, comme de bons acteurs de notre vie sociale, comme de bons collaborateurs. C'est probablement dans l'entreprise que la reconnaissance peut le mieux s'exprimer. C'est aussi dans l'entreprise qu'un collaborateur peut le mieux trouver des satisfactions qui compensent parfois des insatisfactions de sa vie personnelle.

Comment s'exprime la reconnaissance ? D'abord par l'argent ! Un employeur rémunère toujours mieux un collaborateur considéré comme *rentable* parce qu'il s'implique dans son travail.

Mais il y a aussi d'autres manières de reconnaître son personnel : un message de remerciement spécifique à l'occasion d'un défi brillamment relevé, un repas détendu pour créer un climat de convivialité positive, un séminaire résidentiel comportant une séquence ludique, une fête à l'occasion de l'anniversaire de la société, un titre valorisant mieux les missions de celui que l'on veut distinguer, sont autant de moyens de montrer la considération d'un patron pour ses collaborateurs. Et ils sont appréciés à leur juste valeur !

Mais que l'on ne s'y trompe pas ! À la fin, la réussite d'une carrière se mesure à l'aune de la réussite financière.

Dans un pays comme la France, où l'argent fait encore figure de péché, très rares sont ceux qui osent afficher publiquement leur salaire.

Car dans notre pays, à l'inverse des pays anglo-saxons, gagner bien sa vie est suspect. « Je me demande bien comment ce type a fait pour avoir réussi à se payer son bel appartement et sa grosse voiture… »

C'est ce que l'on dit pour les autres, mais soi-même, on souhaite gagner le plus d'argent possible pour être bien logé et avoir une belle voiture !

Donc la reconnaissance a bien plusieurs visages, mais aucun d'entre eux ne doit faire oublier que, si l'on travaille, c'est avant tout pour gagner sa vie !

Le recrutement

Le recrutement est certainement la compétence la plus difficile que doit acquérir le manager. En effet, une entreprise est avant tout un ensemble d'êtres humains qui doivent travailler ensemble et tirer la *machine* dans le même sens.

Le *savoir-recruter* ne s'apprend pas dans les écoles. Il s'apprend sur le terrain, au fil des années d'expérience jalonnées de réussites et, plus souvent, d'échecs.

Quelles sont les clés d'un bon recrutement ? Il faut d'abord définir précisément ce que l'on attend du collaborateur que l'on recrute. La définition précise, non seulement du titre, mais des missions qu'il devra accomplir, est un préalable à tout recrutement.

Et pour cela, pas de secret : pour être précis, pour définir soi-même ce que l'on attend, rien de mieux que d'*écrire* une bonne définition de fonction. L'écriture est mère de précision, et c'est en écrivant que l'on s'apercevra peut-être que le poste que l'on avait envisagé ne correspond pas au vrai besoin de l'entreprise. Mieux vaut l'avoir fait évoluer avant de lancer une recherche !

Les profils de dirigeants sont très divers, et leurs motivations de choix des candidats sont souvent fonction de critères très personnels : tel patron souhaitera des candidats dont la première caractéristique sera d'être diplômés d'une grande école. Il refusera alors de rencontrer des profils plus expérimentés mais disposant d'une carte de visite moins brillante. Tel autre accordera une importance primordiale au *feeling* personnel avec tel ou tel, au risque d'oublier d'être précis dans l'exposé du profil recherché…

De mes expériences de recruteur et de recruté, je relève une tendance majeure : lors des entretiens de recrutement, les patrons recruteurs parlent beaucoup, souvent trop, et négligent l'indispensable écoute qui permet un dialogue interactif entre eux et leur candidat. En effet, si le dirigeant sait qui il recherche, le candidat, lui, a besoin de se faire préciser de nombreux points qui lui restent encore méconnus.

C'est donc le candidat qui doit pouvoir s'exprimer, dire qui il est, dire ce qu'il a fait au cours de sa carrière, dire pourquoi il a choisi de présenter sa candidature et ce qu'il attend du poste proposé. Si le patron, fier de présenter la réussite de son entreprise, monopolise la parole, comment pourra-t-il éclairer son futur collaborateur ? Tout le monde court le risque de laisser en suspens des points importants, et de faire naître des incompréhensions préjudiciables à une saine collaboration.

J'ai eu l'occasion de recruter des centaines de collaborateurs aux profils les plus divers, commerciaux d'assurance, employés de plateaux téléphoniques, cadres, dirigeants de toutes spécialités, et j'ai connu des échecs et des succès. Mais j'ai toujours appliqué une règle : éviter de trop parler mais faire parler les candidats, leur faire dire pourquoi ce poste les intéressait, ce qu'ils savaient faire, ce qu'ils avaient déjà réalisé au cours de leur carrière.

Un bon recrutement résulte d'un bon travail en amont : bien définir le poste, son niveau et ses missions, éliminer rapidement dès le début du processus les candidatures inadaptées, recevoir les candidats dont le profil convient a priori, et mener des entretiens efficaces de découverte mutuelle.

C'est ensuite par une subtile alchimie que sera désigné l'heureux élu : sa formation bien sûr, puis surtout son expérience et les savoir-faire acquis pendant son parcours. La manière dont le courant passera entre le nouveau et son patron, c'est le fameux *feeling* qui fera parfois la différence entre 2 personnalités.

Le réseau

Le monde actuel est organisé en réseaux : dès l'enfance, on peut pratiquer des activités ludiques ou sportives qui vous mettent en contact avec d'autres enfants du même milieu ou ayant des centres d'intérêts communs (sport d'équipe, scoutisme, rallyes…) ; nous sommes connectés via Internet à des informations sans lesquelles le monde ne pourrait plus tourner ; les réseaux sociaux (Facebook, Twitter, Instagram, LinkedIn…) canalisent la communication entre des hommes même s'ils ne se connaissent pas.

Quant aux réseaux constitués pendant la formation universitaire ou dans une école, ils constituent la première étape pour trouver un emploi, et seront des recours utiles tout au long de sa vie professionnelle.

Le malheureux qui n'a pas de réseau et qui doit naviguer seul dans l'océan des carrières est donc bien handicapé ! Car l'on n'envisage plus aujourd'hui de pouvoir trouver du travail en envoyant son curriculum vitae au hasard après avoir lu une annonce.

En effet, tel le manuscrit d'un inconnu parvenu par la Poste à une maison d'édition, ce c.v. a toutes les chances de disparaître sous la pile des c.v. d'autres candidats recommandés par un membre de leur réseau.

Conclusion logique : dès que l'on commence des études supérieures, il faut songer à cet impératif et organiser ses relations. Ensuite, quand on commence à travailler, il faut faire le point sur son réseau déjà constitué pendant sa scolarité, et ne pas oublier qu'un réseau s'enrichit tous les jours au fil de ses rencontres. Dans son entreprise pour commencer, mais aussi en dehors, dès que l'on a l'occasion de nouer des contacts avec des partenaires ou d'autres spécialistes opérant dans le même domaine.

Comment faire ? Être très professionnel : accomplir ses missions avec rigueur, modestie et pragmatisme. Créer un contact favorable avec les autres en adoptant une attitude positive. Nous avons tous rencontré ces collègues qui essaient toujours d'en faire le moins possible et qui, dans une réunion, cherchent à transférer à d'autres les missions qui ne les intéressent pas.

C'est très désagréable ! À ne pas imiter ! Prenez en charge avec bonne grâce les travaux qui vous incombent. Composez-vous une image de sérieux et de bonne humeur à la fois. Soyez celui qui, dans une réunion, va prendre sa part du travail, sans pour autant, si cela ne s'impose pas, chercher à mener les débats à tout prix.

Voici une technique que je pratique toujours avec profit : lors d'un tour de table dans une réunion, pour rendre compte d'un atelier par exemple, il est constant que personne ne veuille prendre la parole le premier. Eh bien, je me *sacrifie* systématiquement en rendant compte le premier des travaux réalisés ! Pour le plus grand bonheur des participants, mais surtout pour mon plus grand profit ! Car chacun sait que, passés les 2 ou 3 premiers participants, les autres se contentent de répéter des choses déjà dites. Aucune valeur ajoutée ! Le meilleur moyen de ne pas se faire remarquer ! Tandis que, en ouvrant les débats, je mets en valeur le travail fourni.

Autre technique : quand le climat s'y prête, être celui qui, à bon escient et avec du recul, saura faire de temps en temps la réflexion qui détend l'atmosphère. Les collègues s'en souviendront !

Et qui dit réseau dit aussi entraide. Ainsi que je le raconte dans un autre chapitre, lorsqu'une de mes relations me demande de recevoir un de ses amis qui se trouve en période de difficultés professionnelles, quelle que soit ma charge de travail, je prends systématiquement le temps d'un entretien physique avec la personne, alors même que je sais que je ne peux pas lui proposer de poste au sein d'une des sociétés que je dirige. Pourquoi ? Parce qu'il faut savoir combien il est important pour ces personnes, quel que soit leur niveau ou leur métier, de pouvoir faire un tour d'horizon du marché de l'emploi en général, et du marché de leur métier en particulier. Et la plupart d'entre eux ne manque pas de me donner ensuite des nouvelles de leurs démarches. Pour certains d'entre eux, l'entretien que nous avons eu a été déterminant.

Lorsque l'on a la chance d'être en poste, on ne mesure pas la détresse de celui qui se retrouve sans emploi. Son horizon est bouché, sa vision est troublée par ce traumatisme, et nous lui apportons un peu d'air frais, une vision différente et positive de ses capacités.

Et j'ai souvent constaté qu'une personne que j'ai reçue trouve peu après du travail, pas chez moi puisque je n'ai pas de poste à proposer, mais sur le marché. Je me suis longtemps demandé pourquoi. Et j'en suis arrivé à conclure que notre bon entretien sert de catalyseur de l'énergie de mon interlocuteur, et lui donne, ou redonne, le goût d'avancer.

Aujourd'hui, Internet est un outil utile pour développer et entretenir un réseau. Des réseaux sociaux professionnels, dont LinkedIn, qui est le plus puissant, permettent de faire connaître ses expériences professionnelles. Ils sont très utilisés par les recruteurs, d'où l'importance d'y compléter son profil avec honnêteté, précision et sérieux. Il peut également être intéressant d'y publier du contenu (articles…) pour s'offrir de la visibilité auprès de son réseau.

La collectivité que constitue l'entreprise est en soi un réseau. En adoptant un comportement sympathique et généreux, on accroît immanquablement son réseau. C'est notre capacité à travailler sérieusement, à rendre service à autrui de manière totalement désintéressée, qui façonne de manière définitive l'image que nous sommes *quelqu'un de bien.*

Le respect

Que voilà un mot galvaudé ! Il est mis à toutes les sauces dans une société dont on exige plus de droits que de devoirs, mais on ne sait plus vraiment ce qu'il veut dire.

Être respectueux, c'est une manière d'être, un comportement que l'on porte en soi et qui se manifeste envers tous ceux qui nous entourent dans toutes les circonstances de l'existence.

Et ce comportement s'impose à tous !

À l'enfant envers ses parents et aux parents à l'égard de leurs enfants.

À l'élève envers son professeur, et non pas seulement au professeur vis-à-vis de ses élèves.

À l'adulte envers tous ses interlocuteurs, y compris les représentants de l'autorité publique, et à ces derniers envers les citoyens, quelles que soient les circonstances de leur rencontre.

Au collaborateur, quel que soit son niveau, envers ses collègues et envers ses supérieurs, et ainsi envers tous les membres de la collectivité que constitue l'entreprise.

Au patron envers ses collaborateurs, quel que soit leur niveau.

Le respect se manifeste souvent par des riens : mes proches collaborateurs, à qui je passais serrer la main tous les matins, m'expliquaient combien ils appréciaient ce geste, alors que tel collègue qui ne prenait pas cette peine leur donnait l'impression de les mépriser.

J'avais aussi décidé de réunir 2 fois par an tous les salariés afin de leur faire part de toutes les décisions importantes, des résultats de l'entreprise, des enquêtes de satisfaction clients, des orientations stratégiques… Cette habitude plaisait beaucoup, car elle manifestait le respect du directeur général envers ses collaborateurs de la base, mais elle avait un autre avantage : elle montrait à tous les cadres ce qu'est un management moderne, proche du terrain, et comment tenir un langage de vérité. À eux de l'adopter ensuite au quotidien.

Le respect se voit. Dans l'œil de chaque collaborateur, dans sa manière de vous saluer, dans son sourire lorsqu'il vous croise, on ressent comment il vous juge, on mesure le respect qu'il vous porte. Cela se voit aussi dans le climat social de l'entreprise : des partenaires sociaux que l'on respecte, même si l'on a avec eux des divergences obligées, chercheront moins à adopter une attitude de blocage à l'occasion des négociations qu'il faut mener.

L'exemple d'Orange a été, à ce titre, particulièrement significatif. Le Président de cette société avait été mis en examen pour avoir été, dans une vie antérieure, le chef de cabinet de Christine Lagarde, alors ministre de l'Économie, qui avait décidé de se sortir, par une procédure d'arbitrage, de l'interminable affaire qui opposait le Crédit Lyonnais à Bernard Tapie, à l'occasion de la vente d'Adidas. Le ministre de l'Économie, avait fort imprudemment déclaré qu'en cas de condamnation, il serait relevé de ses fonctions de P.D.G. d'Orange. Les salariés et les syndicats de l'entreprise étaient tous très inquiets de perdre ainsi leur patron.

Au début du procès, les messages de sympathie des salariés ont été innombrables. Mais, encore plus fort, à la veille du rendu du jugement, le leader syndical d'Orange a écrit au ministre pour lui demander de revenir sur cet engagement ! Relaxé en première instance, le P.D.G. a ensuite été condamné en appel, et a mis fin à sa carrière.

Une telle affaire est le reflet du climat d'une entreprise. Que de respect mutuel, elle révèle entre le patron et ses salariés !

La même obligation s'impose avec les partenaires de l'entreprise, confrères, clients ou fournisseurs.

Dans un secteur que je connais bien, les sociétés d'assistance sont des organisatrices de prestations de service pour des clients en difficulté. Pour effectuer ces missions, elles fédèrent des réseaux de prestataires de toutes natures, ambulanciers, taxis, dépanneurs qui viennent en aide à leurs clients en difficulté.

Bien entendu, les assisteurs négocient des tarifs avec leurs prestataires en raison des volumes d'activité qu'elles leur fournissent. Mais ces négociations doivent se faire dans un cadre de respect mutuel ; car chacun a besoin de l'autre, puisqu'un assisteur sans prestataire ne peut pas travailler, tandis qu'un prestataire qui croit pouvoir se passer d'accords avec les assisteurs se prive d'un énorme volume de travail.

Dans mes fonctions de président du Syndicat National des Sociétés d'Assistance, je n'ai cessé de dire à mes collègues combien les négociations devaient se faire dans un climat respectueux. La société d'assistance est puissante, presque toujours filiale d'un grand groupe d'assurance, alors que le dépanneur est souvent une toute petite entreprise aux moyens limités. C'est David contre Goliath ! Mais ce n'est pas pour cela que l'assisteur doit avoir un comportement impérialiste, voire méprisant à leur égard.

Les dépanneurs espagnols, dont la profession est très bien organisée, ont cessé le travail en plein été au début des années 2000. S'en est suivie une gigantesque pagaille, des milliers de voitures en panne au bord des routes et des pillards qui s'en sont donnés à cœur joie ! Ce n'était que le résultat du sentiment d'irrespect ressenti par ces professionnels qui ont alors obtenu des sociétés d'assistance locales des hausses de tarifs inespérées !

Être respectueux, c'est donc être intelligent, c'est comprendre que la vie est faite d'équilibres dans les relations, et qu'une négociation n'est valable que si elle préserve les droits légitimes de chaque partie.

La responsabilité

Une des caractéristiques de la petite enfance est l'irresponsabilité. À sa naissance, tout enfant est par définition irresponsable. Période bénie où les adultes doivent tout pardonner.

Le psychologue suisse Jean Piaget (1896-1980) avait beaucoup travaillé sur les stades d'évolution de l'intelligence chez l'enfant. Il avait déterminé ce qu'il appelait *l'âge de raison* : 7 ans. Âge bien précoce pour assumer des responsabilités ! Mais le début de la capacité à raisonner, et donc à comprendre pourquoi et comment se comporter.

C'est beaucoup plus tard que l'adolescent puis l'adulte se doivent d'adopter un comportement responsable : en classe, dans un mouvement de jeunesse, dans une activité associative, on a l'opportunité de se former à la responsabilité.

Lorsque je passe en revue ma jeunesse, je pense aux différentes circonstances qui m'ont donné l'occasion de me frotter à des responsabilités :

Le mouvement scout, tout d'abord, apprend, en nous faisant évoluer dans la hiérarchie, les premiers rudiments du management.

En classe ensuite, être délégué de classe n'est pas accessible par tous : cela nécessite de donner de son temps à la communauté, et parfois de prendre la défense de camarades en difficulté.

J'ai aussi formé avec 3 musiciens un groupe de rock-and-roll quand j'avais 16 ans. J'avais décidé que, pour que notre travail eût un sens, nous devions nous obliger à nous produire en public une fois par mois.

Ce qui veut dire répéter de façon régulière un répertoire susceptible de plaire aux spectateurs, mais aussi prospecter en permanence des organisateurs de spectacles.

Ce qui veut dire aussi maintenir un bon climat entre les musiciens pour pouvoir respecter ce plan d'action. Et l'on imagine que la personnalité des artistes n'est pas facile à manager ! Mais c'est ainsi que je concevais mon sens des responsabilités.

Et finalement, ce sont toutes ces expériences qui l'ont nourri.

Une fois entré dans la vie professionnelle, et sans avoir intégré une de ces écoles qui forment les dirigeants, puisque j'avais *seulement* un diplôme de latin-grec, je n'ai pas ressenti de difficulté pour remplir les missions qui m'étaient assignées :

Me faire adopter par un réseau de professionnels de l'assurance aguerris qui devaient me présenter des prospects, et convaincre ceux-ci d'acheter des contrats d'assurance-vie ou de retraite complémentaire par capitalisation. Et il en fallait, un sens des responsabilités, pour être crédible, tant comme manager que comme vendeur !

On ne progresse dans la hiérarchie d'une entreprise que si l'on manifeste un état d'esprit sérieux et responsable.

Il faut savoir utiliser des expériences antérieures acquises dans des cadres totalement différents. Être responsable pour soi, être responsable pour les autres, savoir déléguer tout en contrôlant, être capable de ne pas sanctionner un collègue en cas d'erreur *pardonnable*, c'est ainsi que l'on fédère une équipe.

Un patron ne doit pas vouloir tout faire lui-même. Il doit organiser son équipe, quelle que soit sa taille, en confiant des responsabilités aux collaborateurs de valeur qu'il aura préalablement identifiés. C'est la clé d'une progression de carrière gagnante.

Les réunions

Autant elles sont utiles, autant elles peuvent être inutilement chronophages !

Mais une bonne réunion, qu'est-ce que c'est ?

C'est un rassemblement de collaborateurs ponctuel ou régulier, physique (c'est préférable), ou en téléconférence ou en vidéoconférence, qui doit permettre un échange d'informations entre des collègues qui ne se voient pas tous les jours. Et c'est donc très utile, voire indispensable ! Mais pas n'importe comment.

Certaines réunions ont un thème prédéfini : faire avancer un projet, apporter une information nouvelle aux collègues.

D'autres, tels les comités de direction, sont des rencontres régulières pour faire un point sur les affaires en cours. Quel que soit leur objectif, il faut penser qu'elles sont toutes des exercices de psychologie de groupe.

Bien sûr, pour être utile, le travail doit être structuré : un *pilote* de la réunion doit canaliser les interventions et les humeurs parfois, prévoir un ordre du jour et un relevé de décisions.

Mais il faut savoir que tout peut arriver ! Un enthousiasme excessif et injustifié, ou au contraire l'influence d'un participant particulièrement pessimiste, ce jour-là, peuvent créer un climat inattendu que l'animateur doit gérer.

Je suis pour ma part convaincu que tout doit être mis sur la table et expliqué soigneusement. Avec un grand principe : si je ne comprends pas quelque chose, je dois le dire et faire recommencer l'orateur incompris. Car si moi je n'ai pas compris, il est sûr que plusieurs autres collègues n'ont pas compris non plus mais n'osent pas le dire ! Je rends donc service à la communauté en posant ma question.

Mais gare à la réunionite ! Pas de réunions inutiles, pas de réunions à des horaires indécents qui perturbent la vie des collaborateurs, surtout s'ils sont chargés de famille et connaissent les difficultés logistiques de tous les jeunes parents.

Une bonne réunion doit durer au maximum 2 heures, être positionnée le matin si l'on en attend de la créativité, et chacun doit avoir préparé son intervention pour éviter de perdre du temps.

Elle permet au patron d'observer les comportements des collègues : ceux qui savent faire passer les messages, parler en public, désamorcer les conflits, s'imposer en douceur, fédérer l'équipe… bref tous ceux à qui il pensera lorsqu'il s'agira de juger le travail de l'année et d'accorder augmentation ou promotion.

Bref, la réunion est une des clés de la communication, c'est un observatoire des relations humaines et un thermomètre du climat social que le patron ne peut juger, sans elle, qu'à travers le filtre, parfois déformé, des cadres intermédiaires.

C'est pour cela que j'avais instauré, 2 fois par an, des réunions qui rassemblaient par petits groupes chacun des 1000 collaborateurs dont j'avais la responsabilité. En jaugeant le regard de chacun, en écoutant leurs questions, je n'avais pas de meilleur baromètre de l'atmosphère générale, dont je me servais ensuite, en tant que de besoin, pour réorienter ma stratégie ou recadrer tel ou tel.

La rigueur

Il n'est pas donné à tout le monde d'être rigoureux. Qui plus est, c'est un trait de caractère qui est souvent connoté négativement. On l'oppose à la fantaisie, considérée comme créatrice et imaginative.

On l'associe à des caractéristiques des peuples d'Europe du Nord, dont la personnalité serait incompatible avec celle des peuples latins. Et pourtant, c'est bien au Nord de l'Europe, et au Nord des pays, et pas au Sud, que l'on trouve les nations et les régions les plus puissantes économiquement.

Dans le monde du travail, la rigueur est indispensable. Chaque collaborateur, quels que soient son rang ou sa fonction, est jugé sur la rigueur de ses comportements : respecter les horaires, honorer ses rendez-vous, ne pas faire faux-bond sont des attitudes qui forcent le respect et façonnent l'image positive de chacun.

Être rigoureux, c'est une attitude totalement indépendante de sa position hiérarchique. Point n'est besoin d'occuper un poste à hautes responsabilités pour faire preuve de rigueur. C'est un entraînement quotidien auquel il faut se livrer si, par nature, on a tendance à être plutôt un peu désordonné.

C'est une marque de respect à l'égard de son entreprise, de ses collègues, de ses relations professionnelles internes ou externes.

Et bien sûr, c'est un critère de jugement majeur si l'on occupe un poste de haut niveau. Car ce que chacun n'exige pas forcément de lui-même, il le demande à son entourage !

La rigueur, c'est aussi édicter des règles et s'y tenir. Une entreprise ne peut fonctionner sans un corpus de règles, souvent appelé *règlement intérieur*, qui organise la vie quotidienne de chacun et de chaque service. Bien sûr, il ne s'agit pas pour autant de brider les énergies ; il faut simplement que, comme dans un bon contrat d'assurance, elles soient bordées, guidées, canalisées, pour que leur respect permette à chacun de travailler bien, en conformité avec la stratégie de l'entreprise.

Être rigoureux, c'est être capable de se charger d'un dossier du début à la fin, de démontrer à son supérieur qu'il a eu raison de vous faire confiance, qu'il a délégué à bon escient.

C'est donc un cercle vertueux : « je travaille bien, je bénéficie de la bienveillance de mon patron, donc il est content de moi, donc le patron de mon patron est content de lui, donc toute la chaîne hiérarchique en tire profit, et cela servira ma carrière ! »

En somme, si l'on a la chance d'avoir un tempérament rigoureux, il faut en tirer des principes de management, être opiniâtre, constant, et faire partager par les autres les règles que l'on s'applique à soi-même.

Le salaire

Si certains peuvent considérer le plaisir de travailler comme une forme de rémunération, personne n'envisage pour autant de travailler sans être payé. Le salaire reste la manifestation essentielle de la reconnaissance de l'employeur envers ses salariés. Et il est vrai que nous avons vécu jusqu'à 2022 une époque compliquée sur ce plan : inflation très faible, prégnance de plus en plus importante des contrôles en tous genres, audits, contrôle de gestion, réglementations de plus en plus draconiennes, incertitudes sur l'avenir sont autant de raisons pour les employeurs d'être prudents. Et pour les salariés de ne pas connaître les évolutions de rémunérations significatives. L'incapacité de prévoir l'avenir engendre, c'est normal, une volonté des patrons de préserver le devenir de leur entreprise en accordant des augmentations modérées, que la faible inflation permettait d'accepter.

D'un autre côté, je me souviens de l'époque où l'on accordait des augmentations flatteuses, où les livrets de caisse d'épargne rapportaient près de 10 %, dont l'inflation grignotait une bonne partie. On avait l'impression d'être bien augmentés !

Et pourtant… Car c'est ainsi ! On apprécie plus les gros chiffres que les petits ! L'inflation renaissante va peut-être nous y ramener.

Il y a donc 2 moyens d'obtenir une hausse de rémunération substantielle :

- une évolution de fonction dans son entreprise,

- un changement d'employeur, ce qui implique de se mettre sur le marché, et d'oser se comparer et évaluer ses véritables capacités.

Ce courage n'est pas la chose du monde la mieux partagée ! Combien de fois entends-je un collaborateur se plaindre de son salaire, et prétendre qu'il est mal payé par rapport à ses qualités propres. Je lui conseille toujours de *mettre le nez à la fenêtre,* de regarder des situations sensiblement identiques dans d'autres entreprises comparables. Rares sont ceux qui osent suivre ce conseil ! Et leurs exigences s'amenuisent sérieusement.

En revanche, je me suis aussi trouvé confronté à des cas de tentative de débauchage par un concurrent. Dans ce cas, après avoir vérifié la réalité des démarches, je n'ai jamais hésité à accorder des augmentations à ceux de mes collaborateurs qui le méritaient.

Je réévoque ici le discernement dont doit faire preuve le patron, pour distinguer dans ses équipes les employés de valeur qu'il faut conserver, et pour savoir les reconnaître.

Le statut

Le système français distingue essentiellement trois catégories de salariés : les employés ou les ouvriers, les agents de maîtrise et les cadres. Cette hiérarchie conditionne toute une carrière, et organise de façon un peu mécanique les évolutions des collaborateurs. Quelqu'un qui commence comme cadre bénéficie d'emblée d'une avance confortable sur son collègue qui commence au bas de l'échelle. Or, a-t-il plus de capacités professionnelles ?

Il a eu la chance de faire de bonnes études, de suivre une formation adaptée au métier qu'il exerce, et il aura une évolution de carrière plus rapide et mieux valorisée. Est-ce normal ?

J'ai participé à la fin des années 2000 à un groupe de travail de *l'Institut Montaigne* qui avait pour thème : *comment mieux intégrer les jeunes sur le marché du travail et comment mieux organiser la fin de carrière des collaborateurs expérimentés.*

Lors de ces travaux, nous avons fait plusieurs constats :

- En France, c'est entre 30 et 45 ans que se décide et se dessine la carrière d'un collaborateur. Or, c'est précisément dans cette tranche d'âge que l'on fait des enfants, et c'est dans cette tranche d'âge qu'ils ont le plus besoin de leurs parents. Ce qui ne va pas sans poser tous les problèmes de garde d'enfants, d'aide aux devoirs, puis, parfois, toutes les dérives graves (alcool, drogues notamment…) auxquelles sont confrontés les adolescents.

- Certains collaborateurs ont les capacités d'avancer vite, et ce, quel que soit leur statut initial.

- Enfin, le tutorat, cette transmission du savoir d'un collaborateur expérimenté à un plus jeune, n'est pas assez pratiqué en France. On laisse ainsi des expériences riches se perdre, et des collaborateurs anciens partir aigris avec le sentiment d'être méprisés et oubliés, alors qu'ils ont tout donné à leur employeur.

Quelles conclusions en tirer ?

D'abord que, même si le statut fait l'homme, l'homme peut s'inventer un statut par son énergie, par son courage, par sa capacité à observer les autres et à s'inspirer de leurs qualités pour se les approprier.

Nous avions proposé, avec un peu de provocation j'en conviens, de supprimer le statut de cadre. Cette proposition avait peu de chances d'être entendue, mais elle n'était pas sans fondement. Nous pensions en effet que, comme en Allemagne par exemple, tout collaborateur devrait, pour faire carrière, passer par tous les échelons de l'entreprise. Chacun à son rythme certes, mais cette méthode permettrait de donner à chacun sa chance d'arriver en haut de l'échelle par son travail et non pas parce que, à l'âge de 18 ans, il a été bon élève et a réussi brillamment des concours qualifiants.

La situation étant ce qu'elle est, et les lobbies des grandes écoles étant encore puissants, cette réflexion relève aujourd'hui de l'utopie.

Alors que faire pour progresser plus vite sans des études brillamment réussies ? C'est le *savoir-être* qui est la clé d'une carrière plus rapide. Le statut certes fait l'homme, mais l'homme peut aussi faire son statut : faire bien son travail, toujours accepter des missions qui dépassent le cadre de son quotidien, rendre service aux autres avec le sourire, ne pas donner l'impression de se cantonner à une définition de fonction théorique. Bref, si l'on est serviable et ouvert, on met de son côté toutes les chances de connaître une évolution de carrière accélérée.

Le stress

Il existe 2 formes de stress :

Le *bon stress*, qui n'est rien d'autre que le stimulant qu'apportent des activités intenses et prenantes. On est très occupé, parfois débordé, mais on apprécie au fond cette vie palpitante, que d'autres pourraient qualifier d'infernale. Elle provoque une excitation bienfaisante pour certains qui ne pourraient se contenter d'une existence plate et calme. Elle maintient même en forme, en permettant de ralentir le vieillissement.

Le *mauvais stress* : C'est le mal des temps modernes. Il a, selon moi, 2 causes majeures :

La réduction du temps de travail

La montée en puissance des technologies digitales.

Ces 2 facteurs ont profondément bouleversé les équilibres vie professionnelle – vie privée.

Concernant *le temps de travail* d'abord : un point d'histoire : cette réforme a été concoctée en 2000 par le gouvernement de Lionel Jospin dans une logique de partage du travail, avec l'objectif de créer des emplois. Elle a été rendue obligatoire pour toutes les entreprises à compter du 1er janvier 2002.

Le bilan des créations d'emplois est extrêmement variable en fonction des sources, et personne ne sait aujourd'hui si les objectifs ont été atteints.

Ce que l'on sait en revanche, c'est que cette réforme a été pensée dans les bureaux feutrés de professionnels de la politique qui n'avaient jamais connu la *vraie vie*, jamais rencontré une entreprise, bref qui étaient *hors sol* !

Les salariés se sont trouvés subitement dans une situation nouvelle : disposer, pour nombre d'entre eux, d'un volume très important de jours de congé supplémentaires, baptisés *R.T.T.*,

(pour *Réduction du Temps de Travail*) qu'ils n'avaient d'ailleurs jamais demandés ni même espérés, si important qu'il est devenu difficile pour eux de pouvoir les prendre de façon rationnelle, voire de les prendre tout court. De ce fait, ce nouveau régime n'a pas apporté le confort de vie tant vanté à l'époque par les auteurs de cette réforme.

Je m'explique : avant ces modifications, chaque salarié savait combien il avait de jours de congé chaque année, et il les organisait de façon à en faire de véritables périodes de repos.

Aujourd'hui, le grand nombre de jours de congé supplémentaires dont il dispose, parfois 15 ou 20 jours par an, lui donne l'impression qu'il peut en prendre n'importe quand, de façon fractionnée. Il n'en profite donc pas toujours pour s'octroyer un repos supplémentaire. Se reposer et *recharger ses batteries* ne sont pas ses préoccupations premières, et d'ailleurs il n'en a souvent pas les moyens financiers.

Rappelons que cette organisation du temps de travail a accordé aux salariés les plus modestes des horaires à respecter sans aucune flexibilité.

En contrepartie, pour que les cadres puissent remplir leurs missions souvent alourdies pour prendre en charge les travaux non faits par leurs collaborateurs aux horaires allégés, il a fallu les exonérer de ces horaires contraints et créer des systèmes de *forfaits jours* – un certain nombre de jours travaillés par an – sans horaires définis. Tout cela démontrait, s'il en était besoin, l'inapplicabilité d'une législation rigide imposant à toutes les entreprises, quelle que soit leur taille, le même mode de fonctionnement.

Ce qui a amené les entreprises à vivre des situations pour le moins cocasses : ainsi, je me souviens que, dans un grand groupe d'assurances dont les salariés avaient toujours été plutôt choyés, la direction a dû, sur instruction de l'URSSAF après un contrôle musclé mettant en cause la responsabilité pénale personnelle du directeur général pour travail dissimulé, faire retentir dans ses immeubles quotidiennement une sirène à 17 h 15, suivie d'un message par haut-parleur intimant l'ordre à tous les employés de quitter immédiatement les lieux sous la surveillance de vigiles ! Les cadres travaillant plus tard grâce au *forfait jour* devaient quitter les lieux par une porte dérobée et signer devant les vigiles un document de sortie que l'entreprise conservait pour éviter d'envoyer son directeur général en prison !

Tout cela pour expliquer que ces deux phénomènes associés ont provoqué :

- peu de repos supplémentaire pour les employés modestes qui n'ont pas les moyens d'organiser et de financer une nouvelle vie plus équilibrée entre loisirs et vie professionnelle.
- Et pour des cadres, au management plus souple, du travail supplémentaire, avec notamment des journées plus longues.

Ensuite, concernant la montée en puissance des *nouvelles technologies :*

Affublés de téléphones portables, de tablettes et d'ordinateurs, les cadres d'aujourd'hui passent la majeure partie de leur temps les yeux rivés sur un écran.

Grâce à des patrons souvent généreux qui les équipent de ces outils, toutes leurs vies se confondent, et ne se distinguent plus. Et il est vrai que, pour ma part, comme la plupart des gens, je suis toujours désireux de prendre connaissance des informations le plus vite possible. Donc, jour et nuit, semaine ou week-end, je consulte en permanence mes messages, préférant ne pas attendre pour savoir. Encore faut-il savoir gérer ce comportement pour ne pas en devenir la victime.

On assiste donc à la fin de la séparation entre la vie professionnelle et la vie privée.

C'est alors qu'apparut le phénomène que les anglo-saxons appellent le *burn out*, immense dépression qui affecte certains collaborateurs au point de les contraindre à un repos forcé de plusieurs semaines, voire plusieurs mois. C'était nouveau, ce fut un phénomène massif qui n'existait pas avant la réforme du temps de travail. La thématique de la *Q.V.T.*, la *qualité de vie au travail*, devait naître de ce phénomène.

Cela pour une analyse sociétale des causes du stress.

Mais le stress a aussi d'autres raisons. Ce peut être aussi la résultante d'une mauvaise organisation de son travail. Quand on arrive à son travail le matin, un certain nombre de dossiers sont à traiter : il faut savoir ne pas confondre *l'urgent* et *l'important.* Tout ne doit pas être traité de la même manière ni au même moment. Il est donc inutile de s'affoler d'emblée ! Prenons du recul ! Il faut commencer par faire le tri, traiter les affaires urgentes, et organiser la gestion des affaires importantes pour lesquelles on dispose de plus de temps.

La clé de la sérénité au travail, c'est *d'être à jour.*

En effet, quoi de plus inquiétant, quoi de plus fatigant que de rentrer chez soi en se disant que l'on est en retard sur ses dossiers, sur ses appels téléphoniques ? C'est la certitude de mal dormir, et de repartir au travail le lendemain la peur au ventre. Et c'est un cercle vicieux puisque, d'un jour à l'autre, le retard s'accumule.

Certes, ceux qui ont la chance de travailler vite sont moins sujets au stress que leurs collègues qui ont moins de rapidité. Alors, n'oublions jamais qu'une entreprise, c'est une collectivité de femmes et d'hommes, et que personne n'est jamais seul. Les collègues et l'encadrement sont là pour nous aider, pour nous faire partager leurs bonnes pratiques, pour contribuer à nous former à devenir meilleurs !

Et accessoirement, il faut aussi organiser sa vie privée de manière équilibrée.

Avoir des amis pour échanger, partager ses joies et ses peines, avoir des contacts sociaux dans sa ville, dans son quartier.

Avoir un bon sommeil, ce qui signifie ne pas se coucher trop tard, ne pas sortir trop souvent, manger légèrement le soir.

Et ne pas oublier de pratiquer un sport, pas forcément en compétition, pas forcément violent, mais de façon régulière.

Et pour favoriser cette hygiène de vie, n'oublions pas que le sourire, l'optimisme, ce que l'on appelle le *bon esprit* valent mieux que la critique systématique et le pessimisme.

Le télétravail

Une récente enquête du cabinet Actineo révèle que 66 % des actifs pensent que leur lieu de travail est mal adapté à leurs besoins. Ils souhaiteraient aménager à leur guise leur espace et leur temps de travail.

C'est ainsi qu'a commencé à se développer le *télétravail* : on abandonne le bureau fixe et fermé pour s'orienter vers le *flex office* dans des *open spaces.*

Cette nouvelle modalité implique une nouvelle organisation : il faut demander aux cadres responsables de service si le télétravail est compatible avec leur activité et leur organisation, décider des missions qui peuvent être exercées à domicile, susciter des candidatures parmi les collaborateurs, et accorder ce droit en fonction des nécessités du service et pour une durée définie. En effet, lancer cette expérience est une gageure, et il faut donc pouvoir en contrôler les effets avant de savoir si elle peut être pérennisée.

Le télétravail est un mode de travail qui présente bien des intérêts. En premier lieu, éviter au collaborateur de longues heures de transport pour venir travailler, lui permettre d'emmener ses enfants à l'école, bref améliorer sa qualité de vie.

Les expériences de télétravail démontrent que la productivité de ces collaborateurs est égale, voire supérieure à celle de ceux qui sont sur le site. Ce constat demande à être vérifié dans le temps, mais il est déjà très positif.

La méthode s'apprécie encore plus dans les sociétés situées dans les grands centres urbains, lorsque les trajets sont source de perte de temps et de fatigue.

La société d'assistance que je dirigeais était localisée en banlieue parisienne. Bien que beaucoup de collaborateurs se fussent installés dans la même banlieue, les temps de trajet étaient incertains et variables, tant dans les transports en commun qu'en voiture.

Or ce métier de l'urgence était soumis parfois à des contraintes exceptionnelles : un tremblement de terre, une inondation subite pouvaient provoquer des pics d'appels imprévisibles qui nécessitaient de faire venir très vite des renforts sur les plateaux. Les temps de déplacement rendaient l'exercice difficile.

C'est pourquoi j'ai négocié avec les représentants du personnel un accord de télétravail. Ce ne fut pas chose facile, tant leurs craintes, liées essentiellement à la peur du changement, ont retardé le processus. Ce n'est qu'au bout de 3 ans que j'ai réussi à convaincre mes interlocuteurs du bien-fondé de cette idée.

Et pourquoi ? Parce que certains d'entre eux ont subitement compris que ce dispositif pouvait les intéresser ! Alors la signature a pu être obtenue, et cet accord, unique dans la profession, m'a permis de faire face avec plus de réactivité aux aléas du métier. Grâce à cette avance, la société a pu remporter de nouveaux marchés.

Sur le plan opérationnel, les premiers tests ont été plutôt concluants. En effet, un employé travaille aussi bien, voire mieux, chez lui que dans l'entreprise. C'est pourquoi le télétravail est pérennisé, et tous mes concurrents y sont venus pour leur exploitation.

Mais cette situation, c'était dans l'ancien temps, avant l'apparition d'une épidémie qui a favorisé l'accélération du télétravail.

Le télétravail s'est révélé encore plus utile avec la pandémie de coronavirus née au début de l'année 2020. Les confinements successifs ont interrompu l'activité économique des pays touchés par cette pandémie. Et le télétravail s'est imposé comme le moyen de continuer à travailler de chez soi, sans risquer de contaminer l'entreprise. À tel point qu'aujourd'hui, le télétravail est devenu un des modes de travail habituels.

Il faut cependant que les collaborateurs soient présents dans les bureaux quelques jours par semaine pour ne pas perdre le contact social et ne pas oublier la *vraie vie* professionnelle.

Le télétravail permet aussi à l'entreprise de gagner de la place et d'économiser des mètres carrés. En effet, avec tous les jours un volant de salariés travaillant de chez eux, les entreprises peuvent prendre en location des espaces plus réduits.

On le voit, les entreprises d'aujourd'hui s'adaptent aux nouvelles conditions de vie : elles innovent en accordant des espaces de loisirs, et en expérimentant de nouveaux modes de travail susceptibles d'améliorer la vie et la productivité de leurs salariés.

La transparence

La transparence est devenue la vertu à la mode. Où que l'on se tourne, on entend parler d'exigences de transparence mises à toutes les sauces.

Au point de devenir un concept moralisateur un peu agaçant, la dictature d'un mot qui devrait sous-tendre toutes nos actions, voire toute notre vie. Les journalistes en ont fait une *doxa*, dont bien entendu ils estiment être les garants.

Et c'est au nom de la transparence que le journalisme d'investigation s'accorde tous les droits, y compris celui de salir des hommes ou de juger, sans preuve et sans juge, tel ou tel comportement.

Voilà pour un mot d'humeur. Mais dans l'entreprise, qu'en est-il ? La transparence est un état d'esprit. Le dirigeant transparent a la vie plus simple. Cela l'oblige à bien communiquer.

D'abord en interne : j'avais pris l'habitude de m'adresser 2 fois par an lors de réunions, à l'ensemble des collaborateurs de mes entreprises. Pourquoi ? Pour être sûr de la teneur des messages que je souhaitais transmettre, pour qu'ils ne soient pas déformés au fil de leur transmission au travers des strates hiérarchiques. Des réunions bien préparées, des questions, sollicitées en amont et anonymement, pour permettre la liberté d'expression, et une prestation *live* qui remportait toujours beaucoup de succès. Car les salariés apprécient les marques de considération que constituent des réunions organisées pour eux, rien que pour eux. Ils m'en remerciaient chaque fois chaleureusement.

De toute façon, l'entreprise est une maison de verre où tout se sait. Rien ne sert donc de chercher à cacher quoi que ce soit. Sauf cependant d'éventuelles mauvaises nouvelles ! Le patron doit toujours penser au ressenti de ses propos en termes de management. Son rôle est de donner du souffle, d'encourager ses équipes, de leur donner le moral.

Et pour cela de conserver par devers lui les informations qui peuvent inquiéter. Il ne faut jamais *être en avance d'une crainte*, car *le pire n'est jamais certain* ! Il faut toujours penser que l'expérience du dirigeant, c'est de savoir prendre du recul, relativiser et hiérarchiser les informations reçues. Ce que les salariés ne savent pas faire ! Et c'est normal ! Ils n'ont bien souvent ni la formation ni l'expérience de leur patron ! Et il faut leur épargner des craintes que pourrait susciter une information ponctuelle, que peut-être le temps va peut-être rapidement éteindre.

Par exemple, chacun sait qu'une entreprise n'est rien sans ses clients.

Et que la perte d'un gros client peut avoir des répercussions, sur les effectifs notamment.

Et qu'il faut se battre jusqu'au bout pour conserver ses clients.

Et qu'un client perdu aujourd'hui pourra revenir demain s'il garde malgré tout un bon souvenir du travail accompli.

C'est pourquoi, alors même que l'on sait qu'un contrat est perdu, il faut conserver une relation de qualité jusqu'à la fin du contrat en cours, et même continuer à entretenir des liens informels avec le client perdu. C'est le meilleur moyen de le regagner un jour.

Je n'ai jamais perdu le contact avec les dirigeants des entreprises qui m'avaient quitté. Et je peux dire qu'une fois sur deux, ils sont revenus.

Avoir continué à les voir constituait une marque de respect, donnait l'impression que j'étais *beau joueur,* et accessoirement que la puissance de mon entreprise était telle qu'elle pouvait aisément absorber la perte d'un contrat, fût-il important.

Autant de raisons qui plaident pour que l'on ne se précipite pas pour annoncer quelque chose d'incertain et de démobilisateur. Il faut d'abord mettre tout en œuvre pour éviter qu'une annonce négative se concrétise.

En revanche, on peut agir pour anticiper des problèmes sociaux. Pour ce faire, j'avais pour habitude d'informer confidentiellement les représentants du personnel d'une menace éventuelle. C'était le meilleur moyen de leur manifester ma confiance, de parfaire leur formation d'interlocuteurs privilégiés de la direction, et de prévenir des troubles qu'ils auraient pu susciter.

Ils n'ont jamais trahi ma confiance, et je n'ai jamais eu à regretter cette façon de faire.

L'union

L'entreprise est une collectivité. C'est un groupe de gens qui travaillent ensemble, sans pour autant s'être choisis. *L'union fait la force*, dit l'adage. Mais être unis ne veut pas dire s'aimer.

Car l'amitié ne se décrète pas. Si deux personnes décident de devenir amies, libres à elles. Mais le manager qui croit mieux réussir en devenant l'ami de ses collaborateurs n'a rien compris.

Pour bien manager, il faut garder une distance avec ses collaborateurs, non pas une froideur qui pourrait passer pour du mépris mais la distance qu'impose le respect de l'autre. L'amitié fausse les rapports avec les salariés, elle oblige à l'indulgence alors que la vie quotidienne impose de savoir aussi, un jour ou l'autre, sanctionner un comportement inadéquat.

En revanche, les collègues doivent être unis : leurs intérêts vont dans le même sens pour servir la stratégie de l'entreprise. Et c'est au manager de créer un climat d'union propice au travail efficace. Les objectifs poursuivis doivent être clairs, la stratégie doit être expliquée à tous régulièrement afin que chacun sache pourquoi il travaille, dans quel but et avec quelles contraintes.

En termes de méthode, on crée un climat propice à fédérer les équipes en favorisant les méthodes de management participatives modernes : informer toujours, combattre les individualismes, supprimer les féodalités encouragées par les *petits chefs* qui s'imaginent encore que le secret et la confidentialité sont les clés d'un management réussi. C'est ainsi que l'on répond aux attentes du personnel qui se plaint souvent de méconnaître le quotidien de ses collègues, même ceux qui travaillent dans les autres services proches.

L'unité

Classiquement, l'entreprise est une structure qui répond aux critères du théâtre classique : unité de lieu, de temps et d'espace. Mais les nouvelles technologies changent la donne : le télétravail se développe à grande vitesse pour pallier les inconvénients du temps perdu en déplacements, et les mêmes outils permettent de se réunir avec le bout du monde en audio ou visio-conférence.

Il faut cependant maintenir l'unité de l'entreprise. Pour cela, il ne faut pas manquer d'observer quelques règles : organiser une présence obligatoire sur site des « télétravailleurs » quelques jours par semaine, les faire participer à toutes les réunions d'équipe, et bien penser à les rendre destinataires de toutes les informations sur la vie de l'entreprise.

Quant aux collaborateurs travaillant sur des sites distants en France ou dans le monde, on peut les réunir en audio ou vidéoconférence, mais on ne peut pas faire l'économie de visites *physiques* périodiques sur leur lieu de travail lointain.

En effet, la communication virtuelle est économique, mais elle ne permet pas de ressentir l'état du climat local, et elle n'apporte pas aux collaborateurs la reconnaissance qu'ils attendent légitimement. Leur éloignement est souvent vécu comme un handicap par rapport aux collègues du siège, plus proches de l'information, des dernières innovations, des projets en cours ou à venir, bref du *Bon Dieu*.

C'est pourquoi les oublier, c'est prendre le risque de dégrader l'unité de l'entreprise. Comme je l'indique par ailleurs, je réunissais tous les ans tous les collaborateurs des entreprises que je dirigeais. J'intégrais bien sûr dans mon calendrier de réunions tous ceux qui travaillaient sur les sites de province. Ils me réservaient d'ailleurs toujours un accueil chaleureux, heureux de voir que je ne les oubliais pas.

Il faut donc s'attacher toujours à préserver l'unité de l'entreprise afin que ses objectifs et sa stratégie restent présents dans l'esprit de ses collaborateurs, qu'ils travaillent au siège, sur des sites déportés, ou depuis chez eux.

Les valeurs

Toute entreprise a une valeur, d'abord sa valeur économique pour ses actionnaires : elle s'apprécie au regard d'éléments chiffrés qui permettent une évaluation mathématique de ses actifs.

Ses actifs sont ses capitaux, ses biens, et les hommes et les femmes qui y travaillent.

C'est d'elles et d'eux que je souhaite parler d'abord. Comment s'apprécie la valeur d'un collaborateur ? La mise en place d'entretiens annuels d'évaluation systématiques a bien amélioré ces modes d'appréciations qui relevaient auparavant d'un jugement *à la tête du client.* Et ce, même si le suivi de ces entretiens par les services de ressources humaines n'est pas toujours très rigoureux, ce qui amène des salariés à se décourager en disant : « de toute façon, cela ne sert à rien… »

Un entretien bien mené doit faire la part belle au dialogue *à bâtons rompus* entre le collaborateur et son manager. C'est une occasion unique dans l'année de libérer la parole en prenant du recul par rapport au quotidien. Ce ne doit pas être seulement une discussion sur l'augmentation à venir, ou un jugement unilatéral du cadre sur le travail de l'année écoulée. Si ce n'est que cela, c'est dommage…

Il s'agit au contraire pour le manageur et pour le collaborateur d'accepter, dans un dialogue confidentiel et face à face, de dire, et d'accepter d'entendre, comment leur travail est ressenti dans leur environnement. Il faut bien entendu faire le tri des affirmations et des jugements. Mais il y a toujours du vrai dans la perception de l'autre. J'ai toujours retenu des éléments de ces entretiens, et j'en ai toujours tenu compte pour rectifier des éléments de mon management.

Mais le mot *valeurs* s'écrit aussi au pluriel. Les *valeurs* sont un corpus de substantifs ou d'adjectifs qui caractérisent l'état d'esprit d'une entreprise. Il permet d'exprimer ce qui guide la marche d'une société. Ce n'est pas un règlement intérieur, ce n'est pas une charte, ce n'est pas un texte coercitif, c'est l'expression, en quelques mots, de la philosophie qui sous-tend toute une stratégie.

Ces valeurs ont bien souvent été inspirées par le créateur de l'entreprise : elles expriment ce en quoi il croit, par exemple *loyauté, service client, proximité, engagement…*

Mais dans le cas où elles n'existent pas, c'est un excellent exercice d'en organiser la recherche par un ou des groupes de travail créés pour l'occasion. D'expérience, les collaborateurs s'impliquent énormément dans un exercice de ce genre, qui contribue à créer un climat collaboratif et convivial.

Les valeurs s'affichent en interne, mais il est très utile aussi de les faire connaître à l'extérieur de l'entreprise.

Certaines marques ont d'ailleurs construit leur image sur des valeurs totalement étrangères à leur propre business : c'est le cas des vêtements Benetton dont le créateur avait décidé de militer en faveur de la diversité. Ses affiches montraient des jeunes gens de toutes les couleurs, tous habillés de pulls Benetton, avec comme slogan : *United colors of Benetton*. Ce qui valut à la marque une notoriété renforcée. De simples pulls évoquaient bien plus que leurs couleurs, celles de tous ceux qui les portaient, partout dans le monde.

Dans le même ordre d'idées, le respect des travailleurs peut aussi être une valeur porteuse : tel fabricant de vêtements qui affiche sa volonté de ne pas faire travailler des enfants dans des pays à bas coût de main-d'œuvre peut, à juste titre, en tirer profit pour améliorer ses ventes.

L'environnement peut aussi être une valeur porteuse : la jeune marque de chaussures de sport *Faguo* s'est lancée en prenant un engagement très simple : pour chaque paire achetée, un arbre planté ! Quand on sait le mal que cause la déforestation à marche forcée, en Amazonie par exemple, cette valeur, le respect de la nature, est très appréciée par les jeunes, et a contribué au succès de la marque.

Bien sûr, des valeurs doivent vivre ! Une fois édictées, c'est au management de les mettre en forme et de les décliner afin qu'elles ne soient pas juste une déclaration de bonnes intentions non suivies d'actions.

Il apparaît qu'avec le temps, les collaborateurs ressentent toujours plus le besoin de s'identifier à des valeurs pour s'approprier leur entreprise et s'y impliquer toujours davantage.

La vision

Le dirigeant doit avoir une vision !

Exercice difficile, comment acquiert-on une vision ? Et que désigne au juste ce terme à connotation extralucide ou mystique ? Où apprend-on la vision ?

J'avoue que cette maxime m'a paru étrange lorsque je l'ai entendue pour la première fois. Je ne comprenais mal cette obligation, et il me paraissait bien difficile de *voir en avance* où en serait mon entreprise à l'échéance de 3,5, ou 10 ans.

Autour de moi, certains dirigeants très sûrs d'eux-mêmes élaboraient des plans stratégiques savants, dans lesquels ils faisaient des prévisions précises de leur activité future. Cela m'impressionnait ! Savoir à ce point où aller et comment, c'était le lot de gens très intelligents ! J'avais l'impression de diriger, j'avais l'impression de savoir commander, mais je découvrais la nécessité d'établir des *plans stratégiques* prévoyant, avec plusieurs années d'avance, la trajectoire de l'entreprise.

L'histoire des entreprises comporte des exemples d'erreurs stratégiques liées à une absence de vision.

Ainsi, Kodak, la première marque mondiale fournissant des produits et des services dans le domaine de la photographie et de l'imagerie, a été créée en 1881 aux États-Unis. Dans les années 60, elle comptait environ 80 000 employés, avec une douzaine d'usines dans le monde. (États-Unis, Canada, France.)

Mais l'arrivée du numérique a bouleversé la donne : faute d'avoir mal apprécié la concurrence européenne et japonaise dans le domaine de la photo numérique, Kodak a déposé le bilan en 2012. C'est grâce à la vente de ses brevets, notamment à Apple et Google, que la marque survit aujourd'hui, mais avec seulement 7000 employés.

L'erreur de stratégie des dirigeants a été sanctionnée sévèrement ! Mais cet exemple est heureusement rare.

Comment peut-on, dans le monde si instable et si imprévisible d'aujourd'hui, écrire ce que nous serons dans 2,3, voire 10 ans ?

C'est difficile, et pourtant c'est un exercice de style obligé dans le monde actuel où les réglementations se durcissent.

Alors, comment définir ma conception de la vision du dirigeant ?

Ce n'est pas simple !

Je crois que le premier critère indispensable pour avoir une vision est d'acquérir la compétence technique de son métier. Sans connaître à fond les métiers qu'exerce son entreprise, le dirigeant ne maîtrise ni ses collaborateurs ni ses tableaux de bord.

Ensuite, il faut savoir gérer le quotidien sans s'y noyer. Réfléchir au devenir de la profession qu'on exerce, essayer d'entrevoir des évolutions, par exemple liées aux évolutions de la technologie, cela s'acquiert aussi par la curiosité.

Le métier de l'assistance a ainsi connu des évolutions importantes au cours des dernières décennies : avant les téléphones portables, le seul moyen de joindre son assisteur était le téléphone fixe.

Imaginez l'automobiliste tombé en panne en pleine nature : il lui fallait d'abord trouver une maison équipée d'un téléphone (à l'époque, tout le monde n'en avait pas) et s'y rendre, à pied bien entendu. Ensuite, prévenir le plateau d'assistance, expliquer avec précision où l'on se trouvait et attendre patiemment l'arrivée d'un dépanneur.

À l'heure du GPS et des Androïds, tout a changé : l'automobiliste en panne appelle depuis son véhicule le dépanneur disponible.

Missionné par l'assisteur et guidé par son G.P.S., celui-ci sait où se trouve le véhicule à dépanner. L'automobiliste, quant à lui, peut suivre l'arrivée de la dépanneuse avec son G.P.S., et tout le monde gagne un temps précieux.

Des applications permettent même de gérer ces incidents directement depuis un smartphone, sans intervention humaine

Toutes ces évolutions ont modifié les démarches des plateaux d'assistance, et donc les profils des collaborateurs.

L'intervention humaine est alors exclusivement consacrée à rassurer, à *cocooner* l'automobiliste inquiet !

Compétence, curiosité, réflexion, enrichie au besoin par des lectures et des conférences spécialisées, capacité à donner du souffle aux équipes en réussissant à la fois à *mettre les mains dans le cambouis* au quotidien, tout en continuant à ne pas perdre de vue l'objectif que l'on veut atteindre, voilà quelques caractéristiques qui font le patron visionnaire.

Mais pour être un peu iconoclaste. Je dirais aussi, à la lumière de mon expérience, que la meilleure stratégie est celle que l'on écrit après coup !

Avec beaucoup de travail, un peu de chance, et du flair, on s'aperçoit bien souvent que les événements, aidés par l'action, ont finalement permis de tracer un chemin positif pour l'entreprise et ses collaborateurs.

C'est cette curieuse alchimie, plus que des plans sur la comète, qui fait le dirigeant gagnant, et donc l'entreprise heureuse.

Conclusion

J'ai essayé, tout au long de ces quelques pages, de faire partager mes expériences variées. Loin d'une analyse scientifique portée par de sérieuses études livresques, j'ai plutôt choisi de procéder en donnant des exemples vécus destinés à donner des pistes concrètes qui pourront permettre au manageur de gagner du temps en évitant de faire certaines erreurs.

Alors que j'avais été pré-désigné par ma famille pour embrasser une carrière sûre et stable de professeur, et que j'avais pour cela réussi un concours qui m'obligeait à rester 10 ans au service de l'Éducation Nationale, j'ai subi plusieurs échecs. J'aurais pu en ressortir aigri, découragé, perdu, puisque mon univers familial était dans l'incapacité de me guider. Et les établissements scolaires et universitaires n'étaient pas, comme aujourd'hui, équipés de personnels spécialisés dans l'orientation des élèves ou des étudiants.

Ma décision de changer d'orientation a donc été toute personnelle. Tel un salarié qui démissionne sans savoir ce qu'il fera après, sans aucun filet de sécurité, sans aucun réseau – on n'en parlait pas à l'époque en province –, j'ai sauté le pas. Dans un milieu familial très formaté, c'était une forme de courage.

Qu'allait dire mon père ? Comment pourrait-il en parler à ses collègues sans perdre la face ? J'ai délibérément tiré un trait sur mes scrupules.

Car s'il est des moments dans la vie où il faut avoir des convictions, il est aussi des moments dans la vie où il faut les assumer et avancer dans la direction que l'on pense bonne.

Je me suis lancé dans une voie que je n'ai pas choisie, l'assurance, dans un métier totalement inconfortable et insécure, le commerce de services, rémunéré exclusivement en fonction des résultats obtenus.

À ma grande surprise, cette réorientation a été bien accueillie par ma famille ! Il faut dire que je n'ai pas éprouvé de difficulté à vendre. Ce métier m'a permis de me révéler et de mettre en valeur ce que je peux appeler un talent, celui de convaincre, d'inspirer confiance.

C'est ainsi que, mû par des convictions fortes, aidé par les succès rapides, compris par des patrons intelligents, j'ai pu évoluer ensuite d'abord vers des postes à responsabilité dans le cadre d'une carrière linéaire qui n'a connu aucun accident de parcours, et aujourd'hui de missions de conseil riches et variées.

Diriger des hommes et des femmes, leur faire partager l'envie d'avancer et de réussir a toujours été mon défi.

J'ai construit mon parcours à partir d'un échec qui aurait pu me mener à une vie professionnelle banale.

Mais, en m'obligeant à réfléchir, cet échec m'a permis de trouver une voie, ma voie, et de faire une carrière riche et heureuse.

Puissent ces pages donner à vous, lecteurs, l'envie et le courage de réussir !

Imprimé en Allemagne
Achevé d'imprimer en novembre 2022
Dépôt légal : novembre 2022

Pour

Le Lys Bleu Éditions
40, rue du Louvre
75001 Paris

www.ingramcontent.com/pod-product-compliance
Lightning Source LLC
LaVergne TN
LVHW010555160826
845677LV00013B/3139

* 9 7 9 1 0 3 7 7 7 6 2 1 1 *